Reinhard Röhricht
Spaß voran

REINHARD RÖHRICHT

Spaß voran

Humoristische Dichtungen VIII

Treibgut Verlag Berlin

Coverbild: © Frank Schroeder, Berlin

ISBN 978-3-947674-43-5

Impressum

1. Auflage 2021
© 2021 by Treibgut Verlag
Alle Rechte vorbehalten.
Umschlaggestaltung, Layout und Satz:
Frank Schroeder, Berlin
Druck und Bindung: SOWA

Treibgut Verlag
www.treibgut-verlag.de

Vorwort zum VIII. Band

Dies hier ist nun mein achtes Buch.
Vom Schreiben habe ich noch nicht genuch.
Da mein Geist noch nicht verharrte,
folgt hier nun die nächste Schwarte.

Von Beethoven, Dvorak gibt es neun Sinfonien.
So bekomme ich vielleicht neun Bücher hin.
Noch ist mein Hirn nicht völlig verwirrt
und manches mir noch im Kopf rumschwirrt.

Zunächst bei diesem hier Spaß am Lesen,
und es ist wohl noch nicht mein Letztes gewesen.
An Allerlei habe ich schon gedacht,
doch mit „Spaß voran" folgt erst einmal Band acht.

Im „Bayern"-Gedicht habe ich ja geschrieben,
ich wäre beinah' im Himmel geblieben.
Der liebe Gott hat mich eingestuft,
und wenn er mich endgültig zu sich ruft,
kann ich, wenn schon nicht auf Erden,
vielleicht im Himmel ein Dichter werden.

Wenn du dich vom Humor entfernst,
wird dein Dasein ziemlich ernst.
Doch hier soll es heißen: „ Spaß voran".
In diesem Sinne nun weiter. – Wohl an!

Schwiegersöhne

Es ist oft so bei Schwiegersöhnen:
Mit seiner Ehefrau, der schönen,
will man in seiner Freizeit frönen
und sich mit schönen Stunden krönen.

Doch Schwiegermutter kommt. Sie will nur klönen.
Man hört den Schwiegersohn schon stöhnen.
Sie regiert mit lautem Dröhnen
oder auch in schrillen Tönen.

Er kann sie zwecks Ruhe auch nicht löhnen.
Will sie ihn erneut verhöhnen?
Immer diese Rechthaberei.
Mit Ratschlägen ist sie stets dabei,
die meist als Befehle gelten.
Ist sie da, kann sie nur schelten.
Das ist wie eine Offenbarung.
Nur sie hat überall Erfahrung …

Seine Gattin hält sich stillschweigend raus.
Sie kennt sich mit Redeschwall ja aus.
Bloß die Alte ist ihm wohl nie hold.
Nichts mit: Reden ist Schweigen, Silber ist Gold.

Und wie manche Paare erfahren müssen,
nur sie verfügt über großes Wissen.
Das ist so in allen Fragen.
Auch Schwiegervater hat nichts zu sagen.

Will er sich doch mal beweisen als Mann,
wird jeder Einwand gleich abgetan,
und hätte er dazu auch Grund,
fährt sie ihm aber über den Mund.

usste ich mich bequemen,
 eine Arbeit anzunehmen.
ort in Moskau,
eils war dort der Boss blau.
n an der Theke
ch die letzte Kopeke.
hte das keinen Gewinn,
Vodkatrinker bin,
r noch der Rubel zählt.
en mich Hunger und Durst gequält.
rrschte in Moskau viel Trubel,
as mir nichts ohne viel Rubel.
urde ich nicht froh,
t dort jeder „Nitschewo".
sburg an der Newa
hts für bulgarische Lewa,
 Kleingeld, den Stotinki,
n finnischen Helsinki.

r und Durst gab es für mich viele

sam war, konnte ich wenig bezahlen.
ch viele Länder geschritten,
 ständig daran gelitten.
st überall Euro und Cent,
o viele Länder kennt,
ich wieder verreisen,
tten und Imbissstuben beweisen,
nicht mehr so sparsam bin.
ch jede Beköstigung auch hin. –
gedacht.
abe ich einen riesigen Fehler gemacht.

ine ehrliche Beichte:
eld für Europa nicht reichte,

Am besten bleibt man selber still.
Die Olle weiß schon, was sie will,
und ist ihre Ansicht auch mal schlecht,
Schwiegermutter hat immer recht,
und so ein gewichtiges Exemplar
macht sich auch leider selten rar.

Eine Besserung ist nicht in Sicht.
Schwiegermütter ändern sich nicht.
Soll er sich daran gewöhnen? –
So ist das oft bei Schwiegersöhnen.

Doch ist man arm oder ist man reich,
beim Bezahlen ist immer alles gleich.
Und wer nicht genügend Finanzmittel hat,
bleibt meistens durstig und wird selten satt.

Ich galt ja immer als bescheiden.
So musste ich dadurch dort sehr leiden.
Stets sparsam mit der fremden Währung,
litt ich sehr oft an der Ernährung.
In Italien reichten unendlich viel Lire
nur für einen Happen Pasta und zwei Minibiere.
In Frankreich hatte man zwar Franc,
doch die reichten auch nicht lang.
Ich wollte dort zu keiner Bank,
und so war ich ganz schnell blank.

In Holland zahlte man mit Gulden,
doch ich hatte sehr bald Schulden.
Ob in Amster- oder Rotterdam,
überall war ich gleich klamm.
In Tschechien gab es Kronen und Heller,
doch auch der Hellerverlust ging immer schneller,
und mit nur wenigen Zlotys für Polen
war auch in Polen nicht viel zu holen.

Für Ungarn hatte ich Forint,
doch herrschte in Budapest zu viel Wind.
So reiste ich weiter in die Puszta,
bloß der starke Wind war auch just da,
aß nur etwas Gulasch und Paprika,
denn mein Geld war auch hier nicht ausreichend da.

In Rumänien zahlte man mit Leu.
Ich blieb sparsam und hatte kaum Leu dabei,

so dass auch h
und das Durst

In Schweden b
und konnte ka
In Norwegen a
jagten sie mic
Auch überall i
ist man nur mi
und hat man n
hilft auch kein

Escudo gab es
doch mein Gel
In London bez
doch das Essen
Meist hungrig
und reiste scho

In der Schweiz
doch ohne sie k
Es ist wohl übe
zum genussvoll

Ich hatte dann a
noch ein paar s
Die nahm ich ve
weil ich dort we
doch man bezah
Weil ich dort ni
blieb ich länger
Die Banken öffn
Ich habe am Stra
und wäre auch h

In Russland n
für wenig Ge
Ich war tätig
doch meisten
Er versoff da
mit Wodka a
Für mich brä
weil ich kein
wobei jetzt n
Auch hier ha
Allgemein he
bloß nutzte d
In Russland
ohne Geld sa
In Sankt Pete
bekam ich ni
und mit dere
auch nichts i

Durch Hung
Qualen.
Weil ich spa
Ich bin ja du
doch habe i
Jetzt gelten
und ich, der
werde, sollte
allen Gastst
dass ich nur
Dann haut a
So hatte ich
Doch dann

Zunächst m
Dass mein

Am besten bleibt man selber still.
Die Olle weiß schon, was sie will,
und ist ihre Ansicht auch mal schlecht,
Schwiegermutter hat immer recht,
und so ein gewichtiges Exemplar
macht sich auch leider selten rar.

Eine Besserung ist nicht in Sicht.
Schwiegermütter ändern sich nicht.
Soll er sich daran gewöhnen? –
So ist das oft bei Schwiegersöhnen.

Babyhilfe

Wenn also mal die Babys brüllen
und lautstark ganze Räume füllen,
ist bei ihrem großen Geschrei
die Mami meistenteils dabei,
ob im Zugabteil oder Bus,
weil das Baby schreien muss.
Man kann dies vielleicht besiegen
durchs Baby in den Schlaf zu wiegen,
mit dem Kinderwagen kippeln
oder auf dem Schoß zu wippeln.
Es hilft auch, auf den Arm zu heben,
Baby sieht dann mehr vom Leben.

Sollte Baby weiter bocken,
legt man es am besten trocken.
Wenn sie unverständlich brabbeln,
und sie können noch nicht krabbeln,
haben sie doch einen starken Willen.
Am liebsten mögen sie das Stillen.

Ist Baby später dann ein Mann,
erkennt man ihn dann leicht daran,
er hat immer Durst und Lust
aufs Trinken und Mamas Brust.
Statt Milch dann Bier und ein schöner Busen.
Fehlt das, kann er es schwer verknusen.
Das Bierglas voll, ihr Leib sei fest,
ist das, was Männer träumen lässt.
Dabei zeigen sie nicht immer Gefühle,
aber Autos und Fußball sind weitere Ziele.

Dieses ist ja sehr bekannt
und wird vom Mann als zu wichtig genannt.

Doch toll, dass es weibliche Körper gibt.
Der ist bei den meisten Herren beliebt.
Wenn sie schon als männliche Babys wüssten
von ihren späteren Gelüsten …
Sie führten schon jetzt ein bequemes Leben.
Was noch anfällt, dafür soll es ja Frauen geben.
Doch zunächst die ersten Schritte im Leben.
Man muss jedem Baby Hilfe geben,
vor allem Mami muss dann ran,
damit sich's Kindchen entwickeln kann.

Doch für weibliche Babys, oh Graus …
Wie sieht bloß deren Zukunft aus?
Die Kinder, die Arbeit mit geringer Entlohnung,
das ständige Schaffen in der Wohnung,
waschen, bügeln, kochen, wischen,
Ordnung halten auf den Tischen,
überall den Staub entfernen,
mit dem Nachwuchs Mathe lernen,
wirbelt dadurch immerzu
und findet somit selten Ruh.
Der Mann, der sich gerne als Krone der Schöpfung
    erhebt,
ist froh, wenn er allen Pflichten entschwebt.

Und die Frauen seufzen dann,
wann wird endlich dieser Kerl ein Mann?
Lehren nimmt er selten an,
weil er dies nicht will und kann.

Bei Paderborn, im Städtchen Verl,
ist aber jeder Mann ein Kerl.
Auch im Sauerland, in Werl
ist gleichfalls jeder Mann ein Kerl.

Ansonsten aber ist keiner der Kerle
nicht nur im Haushalt eine Perle.
Auch in dem netten Städtchen Werle
gibt es viele faule Kerle.
Denn die Männer denken ja,
wozu sind die Frauen da?

Überall hört man die Frauen fluchen
und sind dabei, einen echten Mann zu suchen,
bloß ist dieser kaum zu finden,
da Männer ihr Babytum kaum überwinden.

Männer, unterstützt die Frauen, tut es.
Dann tut ihr wirklich mal was Gutes.
(Bei Erich Kästner: Es gibt nichts Gutes,
außer man tut es …)
Für die Wünsche der Männer stehen Frauen bereit.
Sie haben generell mehr Schneid.
Als Kleinkind ist für sie diese Zeit noch weit.
Drum sei froh, wenn ihr noch Babys seid.
Da gibt es Hilfe für euch im Leben.
Später wird es die weniger geben.

Es war einmal in Europa

Früher reiste ich sehr viel.
Fast ganz Europa war mein Ziel.
Habe allerlei Länder durchdrungen,
und meistens ist mir das gut gelungen.

Bin viel gelaufen, wenig gefahren,
denn mir war es wichtig, auf Reisen zu sparen.
Ich regelte alles mit reiner Vernunft.
Bloß keine teure Unterkunft.
In Hotels wollte ich mich nicht bewegen,
sondern mich immer selbst verpflegen,
suchte mir nie ein Nobelquartier
und wollte nicht wissen, wie genießt man hier,
denn ich war wirklich mehr gespannt,
wie isst man „draußen" in jenem Land,
und ich in keinem Hotel dort hockte,
weil mich des Volkes Küche lockte.
Es hat mich aber immer gestört,
weil zu jeder Mahlzeit das Bezahlen gehört.
Dabei wollte ich niemals Trinkgeld geben,
obwohl, die Bedienung will ja auch überleben.

Heute bezahlt man mit Euro und Cent,
die man nun in Europa fast überall kennt.
Bei meinen Touren damals noch unbekannt,
war die Währung anders in jedem Land,
und bei meinen so vielen Reisen
war es oft schwierig mit den wechselnden Preisen.
Der Geldumtausch war das eine nur.
Jedes Land mit eigener Kultur ...

Ich habe viele Staaten durchschritten.
Andere Länder, andere Sitten.

Doch ist man arm oder ist man reich,
beim Bezahlen ist immer alles gleich.
Und wer nicht genügend Finanzmittel hat,
bleibt meistens durstig und wird selten satt.

Ich galt ja immer als bescheiden.
So musste ich dadurch dort sehr leiden.
Stets sparsam mit der fremden Währung,
litt ich sehr oft an der Ernährung.
In Italien reichten unendlich viel Lire
nur für einen Happen Pasta und zwei Minibiere.
In Frankreich hatte man zwar Franc,
doch die reichten auch nicht lang.
Ich wollte dort zu keiner Bank,
und so war ich ganz schnell blank.

In Holland zahlte man mit Gulden,
doch ich hatte sehr bald Schulden.
Ob in Amster- oder Rotterdam,
überall war ich gleich klamm.
In Tschechien gab es Kronen und Heller,
doch auch der Hellerverlust ging immer schneller,
und mit nur wenigen Zlotys für Polen
war auch in Polen nicht viel zu holen.

Für Ungarn hatte ich Forint,
doch herrschte in Budapest zu viel Wind.
So reiste ich weiter in die Puszta,
bloß der starke Wind war auch just da,
aß nur etwas Gulasch und Paprika,
denn mein Geld war auch hier nicht ausreichend da.

In Rumänien zahlte man mit Leu.
Ich blieb sparsam und hatte kaum Leu dabei,

so dass auch hier der Hunger nagte
und das Durstgefühl mich plagte.

In Schweden beglich ich die Rechnung mit Kronen
und konnte kaum den Gastwirt entlohnen.
In Norwegen an so manchem Fjord
jagten sie mich, kaum mit Oere, gleich fort.
Auch überall in Dänemark
ist man nur mit Geldmitteln stark,
und hat man nicht ausreichend Kronen und Oere,
hilft auch kein intensives Kellnerbeschwöre.

Escudo gab es in Portugal,
doch mein Geld reichte kaum für ein Mittagsmahl.
In London bezahlt man mit englischen Pfund,
doch das Essen wirkte nicht so gesund.
Meist hungrig blieb ich nicht lange dort
und reiste schon bald aus England fort.

In der Schweiz gelten weiterhin die Franken,
doch ohne sie kann man sich dort nur bedanken.
Es ist wohl überall so auf der Welt,
zum genussvollen Leben braucht man Geld.

Ich hatte dann auf Kreta
noch ein paar spanische Peseta.
Die nahm ich versehentlich aus Madrid,
weil ich dort wenig bekam, nach Kreta mit,
doch man bezahlte mit Drachmen in Griechenland.
Weil ich dort nie was zum Frühstück fand,
blieb ich länger auf Kreta.
Die Banken öffneten erst späta.
Ich habe am Strand herumgelungert
und wäre auch hier beinahe verhungert.

In Russland musste ich mich bequemen,
für wenig Geld eine Arbeit anzunehmen.
Ich war tätig dort in Moskau,
doch meistenteils war dort der Boss blau.
Er versoff dann an der Theke
mit Wodka auch die letzte Kopeke.
Für mich brächte das keinen Gewinn,
weil ich kein Wodkatrinker bin,
wobei jetzt nur noch der Rubel zählt.
Auch hier haben mich Hunger und Durst gequält.
Allgemein herrschte in Moskau viel Trubel,
bloß nutzte das mir nichts ohne viel Rubel.
In Russland wurde ich nicht froh,
ohne Geld sagt dort jeder „Nitschewo".
In Sankt Petersburg an der Newa
bekam ich nichts für bulgarische Lewa,
und mit deren Kleingeld, den Stotinki,
auch nichts im finnischen Helsinki.

Durch Hunger und Durst gab es für mich viele
    Qualen.
Weil ich sparsam war, konnte ich wenig bezahlen.
Ich bin ja durch viele Länder geschritten,
doch habe ich ständig daran gelitten.
Jetzt gelten fast überall Euro und Cent,
und ich, der so viele Länder kennt,
werde, sollte ich wieder verreisen,
allen Gaststätten und Imbissstuben beweisen,
dass ich nun nicht mehr so sparsam bin.
Dann haut auch jede Beköstigung auch hin. –
So hatte ich gedacht.
Doch dann habe ich einen riesigen Fehler gemacht.

Zunächst meine ehrliche Beichte:
Dass mein Geld für Europa nicht reichte,

lag nur daran, weil ich zu knickrig war.
Oder anders gesagt, es ist ja klar,
auf mein bisschen Geld achtete ich zu verbissen
und hatte bei jeder Bedienung verschissen.
Essen und Trinken haben überall ihren Reiz,
doch ich mit meinem damals so furchtbaren Geiz ...
Heute reise ich nicht mehr
durch Europa kreuz und quer.
Leider geht es nun nicht mehr,
obwohl, ich bedaure dieses sehr.
Zwar hätte ich jetzt das nötige Geld,
doch weil jemand die Hand darauf hält
und der das Reisen nicht gefällt,
sehe ich nichts mehr von der Welt.
Statt fleißig durch andere Länder zu flitzen,
muss ich immer brav zu Hause sitzen.

Es hat für mich nun nicht mehr Sinn,
weil ich inzwischen verheiratet bin,
und sie ist jemand, die das Geld
sehr gewissenhaft zusammenhält.
Reisen ade.
Das tut zwar weh.
Ich hätte daran nie geglaubt
und vorher wurde mir manches erlaubt,
doch nach unserer Hochzeitsnacht
hat sie damit Ernst gemacht.
Daran ist wirklich nichts mehr zu machen.
Ich habe auch sonst nicht viel zu lachen ...
Ich bin jetzt ein viel ärmerer Mann,
der sich gar nichts mehr erlauben kann.

In eigener Sache

Auf einzelnen Wunsch einer vielfachen Dame
folgt auf mich nun etwas Reklame.
Als Leserin ist sie ständig benommen,
denn ich sei als Dichter völlig vollkommen
und solle mich loben in höchster Färbung,
jeder Künstler brauche auch Eigenwerbung.

Ja, ich habe nur Meisterwerke geschrieben.
Die sind seitdem unsterblich, geblieben.
Doch ich denke bei meinem genialen Schaffen,
könnte man einige Texte straffen?
Ich schreibe niveauvoll immerzu,
doch dann entgeht vielleicht ein Clou,
denn bleibt ein Wort mal ungenannt,
ist die Pointe weggerannt
und für immer dann entschwunden.
Man hat den Sinn im Text nicht gefunden.

Ich weiß, dass auf mich die Menschheit wartet,
und oft bin ich schon losgestartet.
Auf neue Reime giert man oft lange.
Später wird mir dann recht bange,
und ich glaube, dass ich diese kürze,
denn darin liegt bekanntlich die Würze,
doch dann merke ich beklommen,
ist dieser Satz nicht vorgekommen,
würde man das sehr bedauern
und Millionen Menschen würden trauern.

Alle Erdenbürger sähen dann ein,
es fehlt dieser Vers zum Glücklichsein.
Als Erkenntnis wird dann bleiben,
ich muss meinen Stil so weitertreiben.

In meinem Kopf ist noch viel gespeichert,
was das geistige Leben völlig bereichert.
Und weiterhin werden alle das lieben
und erkennen, hier wurden bedeutende Werke
   geschrieben.

Von manchem Satz bin ich selbst entzückt,
wobei allein jedes Wort doch die Menschheit beglückt.
Zumal, wie schon öfter geschrieben, jedes Gedicht
auch immer der ganzen Wahrheit entspricht.

Es ist so, dass allen Menschen dieser Welt
meine Dichterei unendlich gefällt.
Ob in Europa hier oder Afrika,
in Asien und Amerika,
alle rufen gleich hurra,
ein neuer Band ist wieder da,
stürzen sich drauf mit Leidenschaft
und erleben Freude, Glück und neue Kraft.

Man liebt diese Bücher sehr
und man liebt sie immer mehr.
Jeder Indianer, Pygmäe, Eskimo,
ist bei meiner Lektüre so richtig froh.
Keiner gibt sie wieder her.
(Übrigens: Mein Verleger wurde durch mich
   Millionär.)

Natürlich wäre es äußerst dumm,
herrschte in meinem Kopf ein Vakuum.
Doch so lange ich noch wirken kann,
geht es an neue Texte ran.
Was wird von meinem Können einst bleiben?
Die bisherige Literatur muss man neu umschreiben.

Nach soviel Eigenlob bin ich jetzt völlig verwirrt.
Oder habe ich mich total geirrt …?
So ist das öfter durch einzelne Damen.
Na, wenigstens sie kennt wohl meinen Namen.
Und ich merke ganz beklommen,
ich bin auch als Dichter wohl nicht vollkommen.

Kein Kinderlied
(Nach „Laurenzia, liebe Laurenzia mein")

Letizia, liebe Letizia mein,
noch bist du artig, noch bist du klein
mit sieben Jahr.

Letizia, liebe Letizia mein,
bald wirst du brav und erwachsen sein
mit siebzehn Jahr.

Letizia, liebe Letizia mein,
einmal wirst du liebende Oma sein
mit siebzig Jahr.

Letizia, liebe Letizia mein,
du ziehst wohl bald in den Himmel ein
mit hundert Jahr.

Blühende Veilchen

In meinem Garten blüht ein Veilchen.
Ich erfreue mich daran so manches Weilchen.
Es blüht so strahlend leuchtend schön.
Man möchte es immer wieder seh'n.
Und noch ist es viel zu verfrüht,
dass es irgendwann verblüht.

Vorhin habe ich mich sinnlos geprügelt.
Falscher Ehrgeiz hat mich beflügelt.
Ich war völlig ungezügelt,
doch ich habe den Kampf schnell abgebügelt.

Denn mein Gegner ergab sich nicht.
Ein Schlag von ihm mit vollem Gewicht
traf mich schmerzhaft im Gesicht,
so zwischen Nase, Ohr und Augenlicht.

Diese Stelle ziert nun ein gewaltiges Veilchen,
und es dauert wohl noch ein Weilchen
und schlägt mir mächtig aufs Gemüt,
weil es dort bestimmt noch lange blüht.

Jeder kann nun mein Veilchen sehen,
denn es leuchtet strahlend schön,
trotz Kühlung, Salben und so weiter.
Andere finden das äußerst heiter.

Es ist mein ständiger Begleiter.
Natürlich wäre es gescheiter,
seine Gefühle besser zu zügeln,
als sich mit jemandem sinnlos zu prügeln.

Man sollte lieber daran denken,
bei einem Streit auch einzulenken,
denn man bedenke auch, es träfe
ein solcher Schlag genau die Schläfe …

In meinem Garten blüht ein Veilchen.
Und hoffentlich blüht es noch ein Weilchen.
Es ist so lieblich anzusehen.
Es blüht so strahlend leuchtend schön.
Wie auch das Veilchen in meinem Gesicht.
Doch hoffentlich blüht das so lange nicht.

Beim Golfen

Man hat mir dabei sehr geholfen
bei einem weiteren Lehrgang zum Golfen.
Nur hundert Zentimeter entfernt war das Loch.
Getroffen habe ich irgendwann doch.

Weiteres sei hier nicht genannt.
Man hat mich schon wieder als Versager erkannt.

In den Karpaten

Ging man einst durch die Karpaten,
war es jedem anzuraten,
mitzunehmen Stock und Spaten.
Vielleicht würde man sonst zum Bärenbraten.

Denn wenn dort die vielen Bären
oftmals alle Wege queren,
konnte man sich damit wehren,
denn Menschenfressen war Bärenehren.

Einen Stock zur möglichen Abwehr haben,
damit sich an dir nicht die Bären laben.
Einen Spaten, um sich notfalls sein Grab zu graben,
denn sonst fressen deine Reste die Raben.

In den Karpaten war es damals schlimm.
Die Bären hatten kein Benimm,
stürzten sich auf dich sich voller Grimm.
Die Kirchenglocken läuteten dann: bim, bim.

Man baute manche Bärenfalle,
und fing auch Bären, doch nicht alle,
nur sehr junge oder alte, dralle.
Da half auch nicht des Bären Kralle.

Sie überlebten dann und wann.
Was hat man mit ihnen dann getan?
Die Jungen bot man jedem Zirkus an,
damit man sie dort dressieren kann.

Alte Bären wurden heimlich bei Nacht
für gutes Geld zum Fleischer gebracht.

Dieser Schlachter hat sie dann geschlacht'.
Und aus ihnen Wurst und Speck gemacht.

Doch dann in der Karpatenwaldnatur
bleibt es friedlich. Die Bären fraßen nur
noch Blätter, Honig, Insekten pur
und es gab nie mehr eine Menschenfresstour.

Warum? Die Menschheit entwickelte immer mehr
und man erfand das Schießgewehr.
Dieses fürchteten die Bären sehr.
Mit Stock und Spaten ging man nun nicht mehr
    einher.

Und hat ihnen Kugeln auf den Pelz gebrannt.
Mancher Bär ist um sein Leben gerannt.
Und falls er überlebte, das sehr schnell erkannt
und es den anderen Bären genannt.

Sie stellten die Menschenjagd sofort ein,
denn sie wollten nie ein Schießopfer sein.
Viele Bären fanden das zwar gemein,
doch sie wurden sozusagen ganz klein.

Es war nicht einfach für die Bären,
die sich gern von Menschenfleisch ernähren,
doch gegen Kugeln können sie sich nicht wehren,
und sich auch nirgendwo beschweren.

Einst, mit Armbrust oder Pfeil und Bogen,
sind die Jäger losgezogen.
Die Bären waren ihnen nicht gewogen,
und sind auch nicht ausgeflogen.

Haben sich Pläne ausgeheckt,
das durch sie der Mensch verreckt,
offen gelaufen oder versteckt,
doch jetzt hat das Knallen sie zu sehr erschreckt.

Denn das immer laute Knallen
hat den Tieren nicht gefallen,
es ergab sich Angst bei allen,
zumal ja Schüsse widerhallen.

Weil auch ein Bär am Leben klebt,
war er natürlich stets bestrebt,
dass er nicht in den Himmel schwebt,
sondern selber überlebt.

Die Menschen waren dort nicht reich.
Sie aßen auch mal Bärenfleisch.
Als Wurst und Speck war das recht weich.
Den Raben und Geiern war das gleich.

Selbst die Wölfe haben das erkannt
und seien hiermit mitgenannt.
Auch mancher Wolf ist um sein Leben gerannt,
seit man das Schiessgewehr erfand.

Niemals mehr riss ein Wolf ein Schaf.
Nein, alle Wölfe wurden ganz brav,
so dass sie keine Kugel mehr traf.
Die Schäfer und Herden hatten einen guten Schlaf.

Doch die Wölfe haben das nicht gut gefunden,
weil Schafe ihnen vortrefflich munden.
Sie laufen dort nicht mehr ihre Runden,
sondern sind nach ganz Europa verschwunden.

Seitdem gibt es dort sehr viele Touristen,
die sich sonst auch vor Wölfen fürchten müssten,
doch jetzt alle vom dortigen Frieden wüssten,
zumal sich Bären und Menschen schon küssten.

In den Karpaten, ob nördlich, ob südlich,
verläuft das gemeinsame Dasein jetzt friedlich.
Bären und Menschen leben nicht mehr unter-
   schiedlich,
wobei, Bärenkinder sind gleichfalls niedlich.

Kein Bär empfindet mehr Groll oder Scham,
vergessen sind seither Grimm oder Gram,
sie sind liebenswürdig, fröhlich und zahm,
was durch eine Menschheitserfindung so kam.

Es hallt nicht mehr wider von gefährlichen Schüssen,
um sein Leben wird keiner mehr bangen müssen.
In den Karpaten ist es sicher in Wäldern, an Flüssen.
Man sieht ja oft, wie Bären und Menschen sich
   küssen.

Wie man ebenso aus den Karpaten erfährt,
sind alle Bären weiterhin wohlgenährt.
Das ist für die Menschen dort auch viel wert?
Es wurde Freundschaft, wie dieses Gedicht hier lehrt.

Ein Angebot

Will die wohl reiche Dame mich necken?
Sie wolle mit mir die Liebe entdecken.
Sie meine das durchaus körperlich.
Das wäre auch wunderschön für mich.

Und sie flötete dann zu mir,
am besten gehen wir gleich zu ihr,
wobei, ich dürfe dann als Mann,
auch in allen Stellungen ran.
Alles wird durch uns gemacht
in solcher tollen Liebesnacht.

Wenn man sie als Frau dann stemmt,
sei sie völlig ungehemmt.
Es gäbe im Bett vielleicht ein paar Flecken,
aber dass soll mich nicht erschrecken,
wir bräuchten uns beide nicht zu schonen,
sie würde mich auch sehr gut entlohnen,
sie böte mir dafür eine Million.

Was soll denn das? Die habe ich schon.
Ich bin sehr reicher Eltern Sohn
und brauche niemals weiblichen Lohn.
Sex für Geld ist für mich moralisch schlimm.
Schließlich habe ich Benimm.
Darauf bin ich nicht erpicht,
und schmutzige Laken mag ich nicht.

Sie ist noch jung und ist sehr schön.
Viele würden auf sie steh'n.
Aber ich bin nie enthemmt.
Und ich bleibe stets verklemmt.

Will diese Dame noch mehr bezwecken
durch das Wühlen in den Decken
und um heißen Schweiß zu schmecken?
Nein, sie darf mir höchstens die Ohren abschlecken.

Wir Wikinger

Ich bin ein Wikinger, ein starker,
ein gebürtiger Dänemarker.
Ja, wir Männer aus Dänemark
sind bekanntlich auch heute noch stark.
Wir kämpften als tapfere Wikinger
mit Schild und Schwert, auch manchmal als Ringer,
kamen als Krieger meist erfolgreich wieder
und hielten halb Europa nieder.

Auch die Norweger waren tapfere Leute
und erwarben mit uns gleichfalls viel Beute.
Manchmal kämpften mit uns auch die Schweden.
Wir nahmen von den wilden Schweden jeden.
Doch weitab und feige waren die Finnen.
Mit denen konnte man keinen Kampf gewinnen.
Sie suchten immer schon das Entrinnen.
Wir merkten schnell, dass diese Finnen
lieber Friedensgespräche beginnen
und darauf erpicht waren mit allen Sinnen.
Wir sagten immer, dass die Finnen
nur Finnen bleiben und immer spinnen.

Man braucht immer eine feste Stütze,
damit diese dann im Leben nütze.

Als Kind erkennt man schon daran,
wie es später im Leben geschehen kann.
Das ist symbolische Philosophie:
Auf ein Schaukelpferd verzichte man nie …

Empfangsbereit

Man sucht Kontakt zu einer Dame.
Unbekannt ist auch ihr Name,
und will sein Glück mit ihr versuchen,
sie einladen zu Kaffee und Kuchen,
oder falls es die neue Chefin ist,
mit der du gern freundlich verbunden bist …

Da wäre es wirklich nicht gescheit,
wenn man fragt: „Sind sie empfängnisbereit"?
Natürlich ist der erste Satz sehr wichtig,
doch so blamiert man sich nicht nur tüchtig,
denn so kann man, nicht nur angenommen,
gleich eine Backpfeife bekommen,
und man ist unten durch als Mann,
denn die Dame straft dich dann.

Unsere vielen Eroberungen
sind ohne die Finnen auch gelungen.
(in der Historie wurde später festgestellt,
sie sind eines der friedlichsten Völker der Welt.)
Wir anderen kämpften zumeist unermüdlich
und blieben selten dabei friedlich.

Um unsere Siege zu erreichen,
gingen wir auch mal über Leichen.
Wir eroberten Island, da war nicht viel los.
Eis und Vulkane gab es da bloß.
Auch Grönland war damals noch unbekannt.
Wir sind ohne Beute da rumgerannt.

Auch in England wurden wir schnell bekannt.
Man hat uns dort Normannen genannt.
Die Angelsachsen gab es da schon,
doch wir eroberten ihren Thron.
In Frankreich gibt es die Normandie,
doch ohne uns Nordmänner gäbe es sie namentlich
    nie.

Aber wir waren nicht nur Krieger
und in den meisten Kämpfen Sieger,
also nicht nur Todesvollstrecker.
Nein, wir waren auch Entdecker.
Kolumbus als Erster in Amerika?
Wir waren vierhundert Jahre eher schon da.
Leif Eriksson war unser großer Held.
Betrat als erster Europäer die Neue Welt.
Mit unseren Booten, damals moderne,
schifften wir in so manche Ferne.

Furchtbar war sonst unser Kriegsgeschrei.
War der Gegner nicht stark, waren wir gleich dabei.

Als Kämpfer waren wir sehr geschickt,
doch war der Feind zu stark, haben wir uns verdrückt.

Zu England: Unser Wilhelm der Eroberer
war ein sehr gestrenger Herr.
Lange Jahre war er dort König.
Von den Angelsachsen hielt er wenig.
War solch ein Brite nicht gewillt,
wurde er oft sehr schnell gekillt.

Heute gibt es das nicht mehr,
doch die Engländer lärmen sehr,
etwa bei einer Auslandsreise
sind die meisten nicht sehr leise.
Einst gehörte ihnen die halbe Welt,
was vielen Briten noch heute gefällt.
Für Verdienste gibt es den Hosenbandorden,
doch sind einige wirklich nicht leiser geworden.
Wir Wikinger waren auch recht laut,
doch wir haben uns meistens was getraut.

Doch es gab auch den König Knut,
und uns tat der Knut sehr gut.
Er befahl uns das Christentum,
lieber Nächstenliebe als Kriegerruhm.
Jetzt führte e i n Gott uns zum Ziele.
Vorher gab es der Götter viele.
Gottvater Odin, auch als Wodan oder Wotan bekannt,
wurde nicht nur beim Beten sehr oft genannt
wie sein Sohn, der Donnergott Thor,
kam er neben anderen Göttern oft vor.
Auch so ist unser Wohlstand gelungen,
friedlicher Handel statt Eroberungen.
Man forcierte also das Christentum
und so gelangten wir auch zu ewigem Ruhm.

Die Rolle der Frauen war uns nicht nichtig.
Heute ist das wohl nicht immer so wichtig?

Wir wurden eine spätere Handelsmacht,
haben auch den Stockfisch nach ganz Europa ge
und erreichten so durch diesen Handel
einen ziemlich großen geschichtlichen Wandel.
Konflikte sind durch uns kaum noch gewesen.
Das kann man in vielen Chroniken lesen.

Wir haben uns dadurch gewandelt.
Statt Kämpfen wurde jetzt friedlich gehandelt
mit allem, dass es damals so gab.
Man fand vieles später in so manchem Grab.
Na gut, auch Sklaven waren beim Handel dabei
doch wir ließen sie irgendwann alle frei.

Haithabu war einst eine Art Hafen,
wo wir uns im deutschen Norden trafen.
Sogar am fernen Wolgastrand
waren wir als Händler bekannt,
und in der heutigen Türkei
waren wir mit unseren Waren dabei.
Bis zum Schwarzen Meer und Bosporus,
wo man auch viel mündlich handeln muss.
Wir verstanden viel vom Neppen,
und unsere Partner waren die Deppen.
Doch gab es später kaum noch Handelsstreit.
Wir waren zum friedlichen Austausch bereit.

Wir haben, historisch, unser Dasein verlängert
in Europa so manche Frau geschwängert,
begannen sie aber auch zu lieben
und sind ihnen ewig treu geblieben.

Unsere vielen Eroberungen
sind ohne die Finnen auch gelungen.
(in der Historie wurde später festgestellt,
sie sind eines der friedlichsten Völker der Welt.)
Wir anderen kämpften zumeist unermüdlich
und blieben selten dabei friedlich.

Um unsere Siege zu erreichen,
gingen wir auch mal über Leichen.
Wir eroberten Island, da war nicht viel los.
Eis und Vulkane gab es da bloß.
Auch Grönland war damals noch unbekannt.
Wir sind ohne Beute da rumgerannt.

Auch in England wurden wir schnell bekannt.
Man hat uns dort Normannen genannt.
Die Angelsachsen gab es da schon,
doch wir eroberten ihren Thron.
In Frankreich gibt es die Normandie,
doch ohne uns Nordmänner gäbe es sie namentlich
    nie.

Aber wir waren nicht nur Krieger
und in den meisten Kämpfen Sieger,
also nicht nur Todesvollstrecker.
Nein, wir waren auch Entdecker.
Kolumbus als Erster in Amerika?
Wir waren vierhundert Jahre eher schon da.
Leif Eriksson war unser großer Held.
Betrat als erster Europäer die Neue Welt.
Mit unseren Booten, damals moderne,
schifften wir in so manche Ferne.

Furchtbar war sonst unser Kriegsgeschrei.
War der Gegner nicht stark, waren wir gleich dabei.

Als Kämpfer waren wir sehr geschickt,
doch war der Feind zu stark, haben wir uns verdrückt.

Zu England: Unser Wilhelm der Eroberer
war ein sehr gestrenger Herr.
Lange Jahre war er dort König.
Von den Angelsachsen hielt er wenig.
War solch ein Brite nicht gewillt,
wurde er oft sehr schnell gekillt.

Heute gibt es das nicht mehr,
doch die Engländer lärmen sehr,
etwa bei einer Auslandsreise
sind die meisten nicht sehr leise.
Einst gehörte ihnen die halbe Welt,
was vielen Briten noch heute gefällt.
Für Verdienste gibt es den Hosenbandorden,
doch sind einige wirklich nicht leiser geworden.
Wir Wikinger waren auch recht laut,
doch wir haben uns meistens was getraut.

Doch es gab auch den König Knut,
und uns tat der Knut sehr gut.
Er befahl uns das Christentum,
lieber Nächstenliebe als Kriegerruhm.
Jetzt führte e i n Gott uns zum Ziele.
Vorher gab es der Götter viele.
Gottvater Odin, auch als Wodan oder Wotan bekannt,
wurde nicht nur beim Beten sehr oft genannt
wie sein Sohn, der Donnergott Thor,
kam er neben anderen Göttern oft vor.
Auch so ist unser Wohlstand gelungen,
friedlicher Handel statt Eroberungen.
Man forcierte also das Christentum
und so gelangten wir auch zu ewigem Ruhm.

Die Rolle der Frauen war uns nicht nichtig.
Heute ist das wohl nicht immer so wichtig?

Wir wurden eine spätere Handelsmacht,
haben auch den Stockfisch nach ganz Europa gebracht
und erreichten so durch diesen Handel
einen ziemlich großen geschichtlichen Wandel.
Konflikte sind durch uns kaum noch gewesen.
Das kann man in vielen Chroniken lesen.

Wir haben uns dadurch gewandelt.
Statt Kämpfen wurde jetzt friedlich gehandelt
mit allem, dass es damals so gab.
Man fand vieles später in so manchem Grab.
Na gut, auch Sklaven waren beim Handel dabei,
doch wir ließen sie irgendwann alle frei.

Haithabu war einst eine Art Hafen,
wo wir uns im deutschen Norden trafen.
Sogar am fernen Wolgastrand
waren wir als Händler bekannt,
und in der heutigen Türkei
waren wir mit unseren Waren dabei.
Bis zum Schwarzen Meer und Bosporus,
wo man auch viel mündlich handeln muss.
Wir verstanden viel vom Neppen,
und unsere Partner waren die Deppen.
Doch gab es später kaum noch Handelsstreit.
Wir waren zum friedlichen Austausch bereit.

Wir haben, historisch, unser Dasein verlängert,
in Europa so manche Frau geschwängert,
begannen sie aber auch zu lieben
und sind ihnen ewig treu geblieben.

Statt uns in Kriegen herum zu bolzen,
sind wir mit anderen Völkern verschmolzen.

Mit uns Wikingern ist es schon lange her.
Kämpfe mit uns gibt es wirklich nicht mehr.
Auch der Welthandel ist zu loben,
es werden keinerlei Zölle erhoben.
Es gibt niemals irgendwo Handelsschranken.
Das ist uns Wikingern zu verdanken.
Und was der Menschheit noch mehr gefällt,
es herrscht nur noch Frieden somit auf der Welt.
Alle sind dadurch Konfliktevermeider.
Das wäre zu wünschen, aber leider ...

Bummi

Ein kleiner Stoffbär namens Bummi
war leider nicht aus Gummi.
Alle haben ihn abgeraten,
mal vollständig durch Wasser zu waten.
Was er wirklich nicht sollte,
aber unbedingt wollte.
Nun hat er den Schaden
selbst auszubaden –.
Jetzt dient der einst süße Brummi
höchstens noch als Flummi.

Vom Schaukelpferd

Ja, ein harmloses Schaukelpferd
hat durchaus so seinen Wert.
Als Spielzeug ist es meist aus Holz,
und wer darauf schaukelt, fühlt sich stolz.
Doch durch Vor- und Rückwärtsschwingen
kann es auch Erfahrungen bringen.

Als Kleinkind, also ziemlich früh,
glaubt oder erkennt man das noch nie.
Doch durch ein Schaukelpferd erfahren sie
eine gewisse Lebensphilosophie.

Das Schaukelpferdnutzen macht Kindern Spaß,
doch perspektivisch gesehen, was bringt ihnen das?
Die große Erfahrung ist es dann,
wie es im Leben so kommen kann.

Man merkt später, oder auch zu spät,
wie es also im Dasein so geht.
Generell, so ist es im Lebenslauf,
mal geht es runter, mal geht es rauf.
Vor- und rückwärts, auf und nieder,
immer wieder, immer wieder …

Nach links und rechts darf man kaum wippen.
Man kann dann leicht zur Seite kippen,
und fällt vielleicht nicht nur aufs Gesicht.
Also seitlich kippeln sollte man nicht.

Wenn man zu sehr zur Seite schwingt,
es manchen aus der Stellung bringt,
und sollte man zu sehr zur Seite schwingen,
kann das durchaus auch Kummer bringen.

Fest zu sitzen ist also sehr wichtig.
Ein sicherer Platz ist immer richtig.

Den gleichen Zweck erfüllt eine Schaukel
für das spätere Lebensgegaukel.
Mal geht es rauf, mal geht es runter.
Auch dieses macht das Dasein bunter.

So ein Schaukelpferd ist niemals vergebens.
Das beweisen die Wechselfälle des Lebens.
Auch eine Schaukel hat wie ein Schaukelpferd
für spätere Erkenntnisse den gleichen Wert.
Und natürlich auch ein Riesenrad
(falls man den Mut zu diesem hat.)
Schaukelpferd und Schaukel reichen aus,
die passen in Garten oder Haus.

Als Kind erkennt man bald daran,
was später im Leben geschehen kann.
Das ist symbolisch die Philosophie:
Auf ein Schaukelpferd verzichte man nie.

Etwa: Im Leben auf der Erfolgesleiter
steigst du strebsam immer weiter,
und ist dein Klettern auch behende,
irgendwann hat die Leiter ein Ende.

Oder: Mit Mühen ist es dir gelungen,
die Spitze hast du nun bezwungen,
dann bist du auf des Berges Kuppe.
Was unten ist, das ist dir schnuppe.

Ehrgeiz mag ja löblich sein
und mancher wird dadurch zum Schwein.

Man kann Karriere übertreiben.
Wichtig ist, ein Mensch zu bleiben.

Man sei stets ein Realist,
weil man dann weiß, wie das so ist.
Im Leben geht es rauf und runter.
Somit bleibt das Dasein bunter.

Manchmal steht man über allen,
doch man kann auch plötzlich fallen.
Und so wäre, mal ganz ehrlich,
solcher Absturz auch gefährlich.

Ihm überfällt das große Grauen.
Er muss wieder nach unten schauen,
kann mit sehr viel Schmerzen stranden
oder in der Hölle landen.

Es gab schon immer Arme, Reiche,
starke Typen oder weiche,
mal ist man traurig oder froh,
ist eine Pfeife oder hat Niveau.

Und man erkennt, ein Schaukelpferd
hatte schon immer seinen Wert.
Man kann sich auch etwas zur Seite neigen,
wenn sich dadurch Erfolge zeigen.

Es hilft durchaus mal zum Gelingen,
sich ein bisschen auf die Seite zu schwingen,
Doch Vorsicht bei geplanten Siegen,
man kann auch auf die Nase fliegen.

Bei Schaukel- oder Riesenrad
geht auch durch schaukeln nicht alles glatt.

Man braucht immer eine feste Stütze,
damit diese dann im Leben nütze.

Als Kind erkennt man schon daran,
wie es später im Leben geschehen kann.
Das ist symbolische Philosophie:
Auf ein Schaukelpferd verzichte man nie …

Empfangsbereit

Man sucht Kontakt zu einer Dame.
Unbekannt ist auch ihr Name,
und will sein Glück mit ihr versuchen,
sie einladen zu Kaffee und Kuchen,
oder falls es die neue Chefin ist,
mit der du gern freundlich verbunden bist …

Da wäre es wirklich nicht gescheit,
wenn man fragt: „Sind sie empfängnisbereit"?
Natürlich ist der erste Satz sehr wichtig,
doch so blamiert man sich nicht nur tüchtig,
denn so kann man, nicht nur angenommen,
gleich eine Backpfeife bekommen,
und man ist unten durch als Mann,
denn die Dame straft dich dann.

Zwecks Kontaktaufnahme kann man fragen,
doch „Empfangsbereit" ist da zu sagen.
Vielleicht reicht eine Entschuldigung
und die Dame wünscht eine Huldigung.
Jedenfalls muss es dir gelingen,
diesen Fauxpax wieder in Ordnung zu bringen.

Man kann ja nach Erfolgen trachten,
doch muss man auf seine Wortwahl achten.
Oder die Dame hat Humor
und du stehst nicht da wie ein armer Tor.
Verzeihung zu sagen, gemeinsam zu lachen
geht schneller, als ein Kind zu machen.

Zu bestimmter Zeit ein falsches Wort,
und der geplante Erfolg ist wohl schnell fort.
Eventuell wirst du erkennen,
es ist besser, gleich davonzurennen.
Denn nimmt die Dame dich wirklich beim Wort
zwecks Kinderzeugung, dann läufst du wohl fort.

Lex Barker

Er war ein Held in der Schauspielerei
und in Actionfilmen als Sieger dabei.
Als Tarzan oder Old Shatterhand
oder Kara Ben Nensi man ihn kennt,
war stets der positive Held,
dem kein Unrecht je gefällt.

Manche Szenen waren kriegerisch,
die Handlungen oft mörderisch,
er prügelte sich meist fürchterlich,
mit Fäusten und Waffen kämpferisch,
doch zu seinen Freunden fürsorglich
und nie der böse Wüterich.

War er privat auch von Mängeln frei?
Hatte er Ärger mit der Polizei?
Auch im wahren Leben ein Starker?
Vielleicht ein schlechter Autoeinparker?
Hat es öfter mal gerumst
und wie in seinen Filmen gebumst?
Er liebte aber die Heiraterei
und war mehrmals als Bräutigam dabei.
Er war ja auch ein schöner Mann,
der sich sowas leisten kann.
Und mit dem berühmten Häuptling Winnetou
war er Blutsbruder und somit per Du.

Als Leinwandheld unerschütterlich.
Doch plötzlich litt er gesundheitlich.
Ein Herzinfarkt ließ ihn im Stich.
Sein Ende kam unweigerlich
in einer der New Yorker Straßen.
Mit solchem Infarkt ist nicht zu spaßen.

Zum Glück passiert das nicht bei allen,
doch auch starke Männer können fallen.
Es zeigt sich auch hier, oft zu verfrüht
ist manches Künstlerleben schon verblüht.

Dennoch hat er viel geschafft
mit Können, Edelmut, Manneskraft.
Er war ein großes Film-Idol
und weiterleben wird er wohl,
auch wenn es manchem Experten nicht so gefällt,
er war und bleibt ein Leinwandheld.

Als Tarzan hat er wohl nicht so gepasst.
Blond und rasiert – war er im Urwald nur Gast?
Ihm sieht man nicht die Wildnis an.
Das rief etliche Kritiker auf den Plan,
doch auch hier, so ist das im Leben,
andere Meinungen wird es immer geben.
Diese sind ja oft verbissen,
wobei Kritiker alles besser wissen.
Manches Werk wurde schon zerrissen,
und der Künstler fühlte sich dann beschissen.

Auch wenn die ihre Mäuler wetzen,
ich könnte Lex Barker nie ersetzen.
Von wegen, es rollte der Rubel
und wäre erfolgreicher Trubel.
In keiner Szene gäbe es für mich Jubel,
und falls mir was gelänge, wäre das durch ein Double.

In meinem Fall ist es gut zu wissen,
mich hätten die Kritiker gleichfalls zerrissen.
Ich hoffe doch, auch bei diesem Gedicht
zerstört man mich nicht …

Laus und Leber

Ja, es ist für dich ein Graus,
sollte dir mal eine Laus
über deine Leber laufen.
Man hört dich sofort wütend schnaufen.
Eine Laus ist ziemlich klein,
doch man hört dich sogleich schrei'n.

Sofort bist du total erregt,
weil ein Problemchen dich bewegt,
du irgendwelche Gefahren witterst
und gleich am ganzen Körper zitterst,
machst sofort ein großes Geschrei,
Menschen rennen zur Hilfe herbei …
Bringt eine minimale Laus
dir etwa wirklich den Garaus?
Der Anlass ist oft winziglich,
doch du erregst dich fürchterlich.

Bedenke mal, ein großes Tier
liefe über die Leber bei dir,
ein Nilpferd oder ein Grizzlybär
oder gar ein Dinosaurier,
so gewaltig wie Tyrannus Rex,
dann wärst du aber sehr perplex.

Daran denke voller Graus,
aber nicht über eine so kleine Laus.
Ein winziges Tier, man merkt es kaum,
darum halte deine Gefühle im Zaum.
Eine so wirklich kleine Laus,
und du fährst gleich aus der Haut heraus.
Die Leber selbst, die stört das nich'.
Also lass deine Wut und beherrsche dich.

Eigentlich möchtest du explodieren,
deine Umwelt schikanieren
und brüllen, dass dich alle hören,
doch Sympathien für dich zerstören.
Wie würdest du dann erst reagieren,
sollte ein Elefant über deine Leber marschieren …?

Altdamengespräch

Vier alte Damen auf ihrer Bank im Park
erzählen, ist man krank oder noch stark,
denn in ihren so vielen Lebensjahren
haben sie auch manches Wehwehchen erfahren,
und sie berichten, auch um etwas anzugeben,
was noch gesundheitlich gut ist in ihrem Leben.

Die Erste:
„Mit 65 trinke ich gern Schnäpschen und ich rauche,
wobei ich noch keinen Doktor brauche."

Die Zweite:
„Mit 75 Bewegung, Kopfarbeit, starkem Willen
benötige ich weder Brillen noch Pillen."

Die Dritte:
„Mit 85 ich besonders erwähne,
ich habe noch immer echte Zähne."

Die Vierte:
„Ich sitze auch gern auf der Parkbank hier,
doch bin ich ja noch viel älter als ihr.
Und worüber ich mich besonders freu',
ich bin immer noch Jungfrau. Toi, toi, toi …"

Vom Essen

„Darf es wieder zweifach Eisbein sein?"
Ich sage ja, mein Frauchen sagt nein.
Sie bestellt immer nur einen kleinen Salat,
weil sie erneut keinen Hunger hat.
Ich aber esse doppelt mit viel Fleisch,
das ist für mich das Himmelreich.
Sie mag höchstens Rohkost nur
wegen ihrer schlanken Figur.

Der Kellner nickt, und er verschwindet.
Wer weiß, was er gedanklich empfindet,
doch was wir verzehren hier im Restaurant,
ist ihm ja lange schon bekannt.

Und das tun wir hier jeden Abend,
ich mich mit Fleischgenuss stets labend,
mein Frauchen steht auf Hungerkur,
mag Obst und manches Gemüse nur,
hinterher noch ein kleines Eis,
während ich bald ins zweite Eisbein beiß'.

Man sieht es auch rein äußerlich.
Sie erblickt man kaum, rein körperlich,
ich dagegen kann ohne mein Fleisch nicht sein,
bin rundlich, denn ich esse viel Schwein …

Sie hat mir lange schon verzieh'n
und zählt ständig ihre Kalorien,
ich aber will nicht vom Prassen lassen,
obwohl mir kaum noch Klamotten passen.

Ich pfeife auf mein Übergewicht,
auch auf Steaks oder Schnitzel verzichte ich nicht.

Ich trinke dazu nur sechs bis acht Bier,
sie ein Glas Wasser, das gefällt mir an ihr.
Meine Frau ist immer so bescheiden,
auch darum kann ich sie gut leiden.

Was mir aber nicht so gefällt,
ich bezahle immer recht viel Geld
jeden Abend hier im Restaurant,
doch bin ich als guter Gast bekannt,
und man muss die hohen Zechen
als Stammgast dann auch freundlich blechen.
Auch das Trinkgeld sei nicht bescheiden,
so können mich Wirt und Kellner gut leiden.
Ich will, es soll immer so bleiben,
um meine Esslust weiter zu treiben.

Grenzenlos ist mein Appetit,
und meine Frau kommt immer mit.
Sie hat sich damit abgefunden
mit meinen vielen Vielfraßstunden.
Sie isst vegan und bleibt wohl gesund,
ich dagegen werde kugelrund.
Tagsüber esse ich ganz normal,
jede Mahlzeit ist für mich erste Wahl,
doch viel Fleisch bei jedem Angebot,
sonst erleide ich den Hungertod.

Auch im Haushalt bin ich am Tage der Koch.
Sie mäkelt herum, ich aber esse das doch
und immer mit viel fetten Genüssen,
doch sie mag nur vegetarische Bissen.

Wir sind schon immer ein tolles Paar,
weil mein Essverhalten kaum ein Thema war.

Unsere Liebe ist weiterhin wirklich groß,
wobei ich schlemme, sie stochert bloß.
Ich immer mit möglichst großem Batzen,
doch nur zu Hause darf ich genüsslich schmatzen.

Ich bin dadurch schon ziemlich dicklich,
bloß meine Frau findet das nicht schicklich,
doch meine Gesundheit ist mir ziemlich egal.
Es heißt sowieso später, es war einmal.
Meine Frau hat zwar schon öfter geklagt,
doch ich habe dann immer gesagt:
„Schaut man uns an, erkennt man daran,
Gegensätze ziehen sich an.
Später ist man generell geschädigt,
dann ist auch dieses Thema erledigt.
Und solange auch du nicht Beschwerden hast,
freut man sich über uns als Gast.

Natürlich bezahle ich immer viel Geld,
doch nichts ist vollkommen auf dieser Welt.
Irgendwann müssen wir alle sterben
und etwas Geld bleibt gewiss, das die Erben erben,
und solange man noch genießen kann …"

Da kommt mein drittes Eisbein an.
Natürlich wird das ausgenutzt
und auch heute Abend alles verputzt.
In diesem Sinne:
alles rein in des Mundes große Rinne.
Wieder äußerst delikat,
und wer wie ich immer Hunger hat …
Stets mit Kartoffeln, Erbspüree, Sauerkraut,
ist es gut, wenn man das in den Körper haut,
natürlich gewissenhaft durchgekaut,
ist es das, was Körper und Seele erbaut.

Danach bin ich immer sehr träge,
und ich erwäge,
morgen Abend nur zweimal Eisbein zu essen,
sonst sagen die Leute, ich bin verfressen.
Und das wohl ständig, doch
die dritte Portion, die schaffe ich noch.

Franz von Suppé

Der Komponist Franz von Suppé
schrieb zum Beispiel „Die schöne Galathee".
Auch die „Leichte Kavallerie"
und bewies musikalisch sein Genie,
aber er wollte bescheiden bleiben
und ohne Ruhmsucht seine Werke schreiben.

Doch er wurde gefragt, warum schreibe,
damit er weiter unsterblich bleibe,
er nicht auch mal modernere Klänge,
was ihm doch sicher gleichfalls gelänge,
wie Cha-Cha-Cha, Beat oder Rock 'n' Roll,
das noch mehr zu seiner Berühmtheit beitragen soll,
für einen Elvis, Beatle oder Rolling Stone.
Diese Musik liebt man lange schon,
und sie bringt auch schönen Lohn.
Er stiege noch höher auf dem Künstlerthron.

Doch was sagte darauf Franz von Suppé?
„Ach nee.
Diese Musik ist mir zu modern
und das nächste Jahrhundert ist noch fern.
Es zieht mich lieber hier in Wien
zu meinen musikalischen Freunden hin.
Millöcker, Zeller, Johann Strauß,
mit solchen Tönen kenne ich mich aus.
Ich bin der Operettenmusik verbunden
und habe mit dieser mein Glück gefunden:
Ich bleibe bei der Wiener Klassik.
Auch spielt man dieses später massig.“

Doch so fehlt sie, das ist eigentlich schade,
bei jeglicher Schlagerhitparade,
die ständig durch Rundfunk und Fernsehen rollt.
Dies hätte der Franz auch gar nicht gewollt,
und was natürlich nicht verwundert.
Er lebte im 19. Jahrhundert.

Als Kind

Als Kind war Johann Sebastian Bach
nicht nur auf der Brust recht schwach,
doch später bewies er seine Stärke
und schuf musikalische Meisterwerke.

Als Knabe war W. A. Mozart
körperlich ja soo zart,
doch später ein großer Komponist,
wodurch er unvergessen ist.

Als Bubi litt J. W. von Goethe
keine gesundheitlichen Nöte,
um dann beim Dichten oder Reisen
seine Klasse zu beweisen.

Und der Friedrich, der von Schiller,
war als Kind ein kränklich Stiller.
Konnte aber später große Werke schreiben
und auch unvergessen bleiben.

Der Wissenschaftler Albert Einstein
war früher, also noch beim Kleinsein,
öfter krank und nicht sehr fleißig,
aber später, nicht erst mit Dreißig …

Als Junge war der Spiderman
noch ein Hänfling, aber wenn
er später die Ganoven jagte,
keiner nach seiner Kindheit fragte.

Ich hatte solche Probleme nicht,
war schon als Kind ein Schwergewicht

und, Gott sei Dank,
nie wirklich schwächlich oder krank.

Schulisch war ich ziemlich mäßig,
äußerst faul, aber immer gefräßig,
hatte nicht nur mein tägliches Brot
und litt auch finanziell niemals Not.

Eigentlich bin ich ein Piesepampel
und bleibe zeitlebens ein großer Trampel.
Ich tat nichts, was Leute lieben.
So ist das bis heute geblieben.
Wenig gelingt mir, nur dann und wann.
Ich bin wohl weiter ein Hampelmann.

Doch einmal wird es mir gelingen,
über meinen Schatten zu springen.
Bloß werde ich wohl kein Genius,
der irgendwas beweisen muss,
doch einmal wird es mir wohl gelingen,
auch etwas Ordentliches zu vollbringen.

Es sind, oben genannt, berühmte Leute,
und von denen weiß man heute,
dass sie als Kinder Kinder waren
und später große Wunder gebaren.
Man weiß von ihnen immer mehr.
Mancher Anfang war sehr schwer.
Doch mit Mut und Leidenschaft
haben sie es bis zum Gipfel geschafft.
Und einmal, ohne Namen zu nennen,
werden mich vielleicht ein paar Leute kennen.

Kein Heldenepos

Sie fühlen sich als dolle Recken,
die so gerne fettes Essen schlecken,
genüsslich noch die Teller ablecken
und nicht gewillt sind, abzuspecken,
höchstens satt die Zähne blecken
und es lieben, sich auf ihren Decken
stundenlang noch hinzustrecken
und es wirklich nicht bezwecken,
sich in ein Kampfgetümmel einzuchecken,
sich bei Ritterspielen höchstens necken,
sich vor jedem Feind verstecken,
ob hinter Mauern, Bäumen, Hecken
oder sonst geschützten Ecken,
sich zurückziehen wie Schnecken,
Angst haben sogar vor Zecken
und niemandem mit Kampfmut wecken,
die, statt vorneweg zu stürmen
und sogleich nach hinten türmen,
wird das dem Burgherrn gar nicht schmecken,
denn Recken dienen zu Kampfeszwecken,
doch niemals soll ihre Rüstung verdrecken,
sie fürchten alle blaue Flecken,
wollen sich niemals Wunden lecken,
ob an Kopf, Brust oder Becken,
dann erkennt man mit großem Schrecken,
sie sind wirklich keine dollen Recken.

So und ähnlich ist es auch heute.
Es gibt immer gewisse Leute,
die gewinnen höchstens mal mit List,
was manchmal aber verwerflich ist.
Denn das Kämpfen, Mann gegen Mann
kommt bei ihnen nicht gut an.

Sie wollen dieses möglichst vermeiden
und können Schwierigkeiten nicht leiden.
Sie sind hinterlistig und faul,
haben aber oft ein großes Maul.
Man weiß schon bei einem nicht, was sinnt er,
ist er ein Held, oder spinnt er,
ein Angeber oder gewinnt er,
bis man merkt, große Klappe, nicht viel dahinter.

In Ronda

In Spaniens berühmten Reiseziel Ronda
hauste einst eine riesige Anaconda.
Es konnte ihr sehr oft gelingen,
die Edelmänner dort zu verschlingen.
Bald war da in Ronda kein Don da.

Frauensehnsucht

Wären alle Frauen, die es so gibt,
nicht in irgendwelche Männer verliebt,
sondern hätten von ihnen die Nase voll
und würden entscheiden, weg mit den Kerlen.
Wäre das nicht toll?
(Nicht immer frisst eine Anaconda
manche Männer wie da in Ronda.)

Man sollte endlich alle Herren
auf eine weit entfernte Insel sperren,
von der sie niemals flüchten können
und den Frauen endlich ihre Freiheit gönnen.

So ein herrliches Leben ohne Männer,
diese Angeber, Faulpelze, Egoisten, Penner,
und wenn sie ohne diese Schufte wären,
könnten sie ihren Kindern, Enkeln, Urenkeln erklären,
endlich wären wir Frauen frei
und wie schön das Leben ohne Männer sei.

Wie man sich fortzupflanzen hat?
Frauen wüssten bestimmt einen Rat.
Etwa Selbstgeburten oder irgendwie klinisch.
Es ginge sicher medizinisch.

Die Frauen könnten sie richtig verwöhnen.
Doch was macht man mit geborenen Söhnen?
Oder werden dann nur Mädchen geboren?
Geht die Männerwelt dann gänzlich verloren?

Wäre das durch Frauen eine Revolution?
Und wo bliebe dabei die Evolution?

Ob es auch biologisch logisch ist,
wenn man die Herren der Schöpfung vergisst?

Und, liebe Frauen, vergesst nicht das eine:
Entwickelt ihr die Welt alleine?
Ihr habt doch mit Männern auch manchen Spaß.
Darauf für immer verzichten? Wollt ihr das?
Auch wenn sie euch manchmal zur Weißglut treiben,
es sollte betreffs Männlein und Weiblein so bleiben.

Nachtrag zu „Meine Küchenfee"
(siehe Band V, S. 86-90)

Hier, bei „Vom Essen" beschrieb ich ganz klar,
was ich für ein großer Esser war.
Doch bald darauf ließ meine Frau sich scheiden.
Ich musste danach unendlich leiden,
denn durch meine Fresssucht machte ich Schulden,
meine Essgier wollte sie nicht weiter dulden.
Ich war dadurch sehr oft beim Hungern.
Mein Dasein bestand daraus, herumzulungern.

Ich nahm also ab,
und das nicht zu knapp.
Ich war nur noch ein dürrer Hecht
ohne essen zu können, es ging mir sehr schlecht.

Im V. Band schrieb ich ja, ich hatte
nur eine Freundin, doch war ich ja Gatte.
Aus Scheu vor der neuen, der Annemarie,
verschwieg ich das, denn ich wollte ja sie.

Im Band V habe ich dazu geschrieben,
man kann auch Menschen zugrunde lieben.
Für Annemarie war es damals nur wichtig,
zu essen, alles andere war nichtig.
„Aufessen, was auf dem Teller ist.
Wehe dir, wenn du das vergisst."

Ich aß immerzu nur ihr zuliebe,
und wenn mal nicht, sofort gab es Hiebe.
Mehrmals am Tage ein volles Gericht.
So wurde ich wieder ein Schwergewicht.

Und sie kochte unentwegt.
Ich wurde mit Speisen ständig verpflegt.
Bei Nichtbefolgen war sie sehr vergnatzt,
und durch die viele Nahrung bin ich ja geplatzt.
Sie hat mich dann zusammengekratzt
und am Grabe hat sie dann weinend gestöhnt,
sie habe mich wohl doch zu sehr verwöhnt,
und sie beendete ihr Klagen,
beim nächsten Mann müsse sie anderes wagen.

Ich liege nun also in meinem Grabe,
wo ich nie mehr was zu essen habe
und muss jetzt, ohne jegliches Klagen
mein trauriges Schicksal alleine tragen.

Meine Ex-Frau war sparsam und vegan.
Annemarie hat zu viel getan.

Doch bevor Frauen uns Männer weiter verwirren
(wenn eine Frau was will, kann sie nicht irren),
sollten wir uns nicht zu viel Nahrung gönnen.
Denkt an mich, ich hätte noch leben können.
Dass ich mal sterbe, ist verständlich.
Schließlich ist kein Leben unendlich.

Es gibt vorher durchaus viel Hochgenuss,
aber irgendwann ist sowieso Schluss.
Lasst euch hierdurch nicht verdrießen,
man sollte sein Dasein durchaus genießen.

In Südamerika

Ein Goldsucher suchte in Uruguay,
doch fand er nicht sein Glück dabei.
Er durchwühlte danach manch anderes Land,
wobei er auch hier keine Goldader fand,
ob in Argentinien und Brasilien,
in Kolumbien oder Bolivien,
versuchte sein Glück in Ecuador,
doch Goldfunde kamen dort auch nicht vor,
buddelte in Peru, an Chiles Strand,
aber nirgendwo er Goldadern fand,
wusch viel Wasser am Amazonas,
aber auch dort fand er nie sowas.

Er hat seinen Körper arg geschunden,
doch überall kein Gold gefunden,
und so hat er ungehemmt
fast den halben Erdteil durchkämmt.

Fast verzweifelt kam er in weiteres Land,
wo er dann endlich sein Suchobjekt fand.
So kam das Glück doch noch herbei.
Jetzt ist er reichste Mensch von Paraguay.
Und man erkennt zum Schluss daraus,
Ausdauer zahlt sich auf Dauer aus.

Feuerkäfer

Diese Käfer gehören zu den Wanzen,
doch sieht man sie nur selten tanzen.
Das sind die kleinen Käfer, die schwarzroten.
Bei denen ist Eile ständig geboten.
Meist im April oder im Mai
flitzen sie, aneinandergehakt, zu zweit vorbei.

Sie können sich wohl sehr gut leiden,
und man denkt an ein Liebesspiel der beiden.
Nur weiß man nicht so ganz genau,
wer ist der Mann, wer ist die Frau.
Das geht so bis zu dreißig Stunden.
Sie sind unentwegt so fest verbunden.
Vorn wohl das Weibchen, immer flink,
so dass das Männchen hilflos an ihr hing.
Sie also ständig vorneweg
mit ihm, angekettet, auch durch jeden Dreck.
Sie will ihn also unentwegt ziehen,
und er kann ihr leider nicht entfliehen.

Gilt das auch für die Menschlichkeit?
Oder geht diese Frage zu weit?

Ein junger Lord

Bei Heinz Erhardt fährt ein Lord fort.
Er fährt nur im Ford fort.
Hier fährt ein junger Lord fort,
doch fährt er nicht im Ford fort.
Er fährt nur im Chevrolet
zur Königin Elisabeth,
denn er ist Kammerdiener.

Okay, ein ziemlicher Schlawiner,
doch bei den vielen Angestellten
bemerkt man Fehler dort sehr selten,
und die immer gütige Queen
hat jeden Makel stets verzieh'n,
und sollt ihm was nicht gelingen,
werde andere das in Ordnung bringen,
Und man jagt ihn auch nicht fort,
schließlich ist er ja ein Lord.

In England ist es eine Pflicht,
über Fehler spricht man nicht,
und aus dem dortigen Königshaus
sollen keine Missstände raus.

Auch ist dieser junge Lord
nie erschöpft von der Arbeit dort.
Im gesamten Buckingham-Palast
fühlt er sich fast wie ein Gast.
So trank er gern mit Butler Jerry
manches mal so manchen Sherry.
Mit der Küchenfee Susann
griff er öfter Whisky an.
Und mit John, Privatsekretär,
machte er etliche Ginflaschen leer.

So verlief sein Leben bisher fast komplett,
und er fährt weiter einen Chevrolet.
Obwohl er dort öfter trinken muss,
fährt er dennoch nie im Linienbus,
sondern immer nur im Chevrolet
nach Hause von Queen Elisabeth.
Zwar ist noch nie ein Unfall gescheh'n
und die Polizei hat seinen Fahrstil stets überseh'n,
doch Alkohol trinkt er jetzt nicht mehr,
weil das wirklich zu gefährlich wär',
denn bei diesem Linksverkehr
wäre dieses jetzt zu prekär.
Er meidet nun jegliche Gefahr,
nicht wie früher, als er noch Single war.

Und er fährt als braver Lord
nach Dienstschluss nüchtern im Auto fort,
also weiterhin im Chevrolet,
denn er hat eine Freundin, die Ninett.

Bei ihr muss er wirklich Leistung bringen,
und nur nüchtern kann ihm das gelingen,
damit sich großes Glück anbahne.
Doch hätte er abends eine Fahne
und somit Alkohol im Blut,
täte das ihrer Liebe gar nicht gut.
Sehr streng ist da die Freundin Ninett,
und er dürfte nie zu ihr ins Bett.

Ach, wie gern würde ich das tun,
mich bei der Arbeit auszuruh'n.
Ich muss aber so viel schindern,
Alkohol darf meinen Stress nicht mindern,
und irgendein Auto, wie die meisten,
kann ich mir mit meinem Lohn nicht leisten.

Leider bin ich auch kein Lord
bei der Queen in England dort.
Ich habe keinen Chevrolet
und keine Freundin wie Ninett,
nicht mal eine Anett, Babett, Janett,
und erst recht keine Elisabeth …
Doch ich träume immerfort
von einem Leben wie bei diesem Lord.

In Madrid

Ich spazierte in Madrid
und hatte meine Brille nicht mit.
Dabei gab ich leider nicht richtig acht
und bin kopfüber in eine Kloake gekracht.
Habe mich natürlich sehr schmutzig gemacht.

Die Passanten ringsum haben alle gelacht.
Einige haben sogar gejohlt.
Doch sie haben mich vereint aus der Brühe geholt.
Man konnte wirklich sagen: „Igitt." –
Also: Vorsicht beim Spaziergang in Madrid.

Ein Olm

Dort, in dem Potsdamer Ortsteil Golm,
lebt in einer Grotte ein Olm.
Man sagt zu ihm auch „Grottenlurch."
Er schwimmt durch trübes Wasser durch,
bewegt sich dort im dunklen Wasser
in seiner Höhle als blasser Nasser.
Doch hat er da ein Radiogerät
und hört Musik von früh bis spät.

Bekannt ist er auch als „Grottenmolch."
Man weiß von ihm, dass ja solch
ein Olm fast blind ist, doch sehr gut hören kann.
So hört er sich ständig Rhythmen an,
moderne Musik mit harmonischen Klängen
und tollen weiblichen Gesängen,
doch nur von einer schwedischen Band,
die man seit längerem überall kennt,
nämlich ABBA, das ist sein Plaisier.

Nun fragt man sich, wieso denn hier,
dass es in der Grotte lauthals schallt
und über Golm und Potsdam hinaus widerhallt.
Er ist nämlich ein schwedischer Olm
und eingewandert aus Stockholm.

Leider ist es so in Schweden:
Arbeit gibt es nicht für jeden,
und er glaubt ganz fest daran,
dass er hier besser verdienen kann.
Bisher hat es noch nicht geklappt,
doch darüber ist er nicht eingeschnappt.

Außerdem wird dieser Molch
in Schweden gesucht als Sittenstrolch.
So ist er lieber aus Stockholm entschwunden
und hat in der Golmer Grotte sein Schlupfloch
    gefunden,
und er weiß, die deutschen Gerichte
ahnen nichts von seiner Geschichte.

Doch da seine Grotte verbaut ist,
ist er gut geschützt, obwohl es sehr laut ist.
Außerdem hat sich noch niemand beschwert,
weil auch hier jeder Mensch diese Band sehr gern
    hört.

Er würde gern wieder nach Stockholm starten,
doch er muss noch etwas warten
als Sittenstrolch, der er mal war,
denn die Amnestie kommt erst im nächsten Jahr.
Und falls er hier keine Arbeit findet,
ist er der erste, der Nächstjahr verschwindet.

Das Radio aber nimmt er mit.
Und hört weiter jeden ABBA-Hit.
Er lässt sich niemals von niemandem stören,
wenn er dabei ist, die ABBAs zu hören.
Gut ist auch, das man nicht vergisst,
wo eigentlich die Heimat ist.

Indische Butter

Wir bekamen aus Kalkutta,
also ich und meine Mutta
samt Schwiegermutta und Freundin Jutta
und hertransportiert pert Kutta,
ein Paket mit indischer Butta.

Davon aßen wir neulich.
Doch die Butter schmeckte abscheulich,
war ranzig, teilweise bläulich,
aber auch gelblich, grünlich, gräulich,
doch wir leben noch seit neulich.

Und so meinte meine Mutter,
dies sei höchstens tierisches Futter.
Auch meiner Freundin Jutta
und der baldigen Schwiegermutta
schmeckte diese indische Butta,
die aus Kalkutta kam per Kutta,
nicht bloß greulich,
sondern wirklich völlig abscheulich.

Wir vermuten, auf diesem Kutter
fiel die Kühlung aus für die Butter.
Das glauben meine Mutter,
auch Schwiegermutter, ich und Jutta.
Denn auf dem weiten Weg von Kalkutta
braucht man Kühlung für die Butta.
Sonst ist so ein Kutta
nicht geeignet für den Transport von Butta.

Also: Liefert man indische Butter
für mich und meine Mutter,

auch für Schwiegermutter und Jutta
aus dem fernen Kalkutta,
dann braucht man für die Butta
eine intakte Kühlung im Kutta,
sonst dient die Butter aus Kalkutta
nur noch als tierisches Futta.

Sie kam also ranzig hier ins Haus.
Wir holten sie aus dem Päckchen raus.
Verdorbene Butter ist ein Graus,
denn wahrscheinlich war ja die Kühlung aus.

Wir waren nämlich schon mal in Kalkutta,
also ich mit meiner Mutta
samt Schwiegermutta und Jutta
und aßen sehr gern dort die indische Butta.

Per Flugzeug aus Kalkutta
wäre die indische Butta
viel schneller hier. Doch Mutta
bestellte dort in Kalkutta
für uns indische Butta
per Lieferung durch einen Kutta.
Der Weg war sehr lang.
Wir wurden fast krank,
und es schmeckte diese Butta
leider wie tierisches Futta.

Doch bestellen wir wieder mal indische Butta,
dann aber nicht per Kutta.
Mit Flugzeug ist sie viel schneller hier,
und darauf hoffen natürlich wir,
also ich mit meiner Mutta
samt Schwiegermutta und Jutta

auf die indische Butta
aus dem fernen Kalkutta.

Doch schmeckt die Butter nur gekühlt,
weil man sonst Geschmacksverschlechterung fühlt,
da man nämlich dann entdeckt,
dass sie völlig verdorben schmeckt.
Auch Butter
gehört zum menschlichen Futter,
doch immer möglichst frisch
auf den Frühstücks- und den Abendbrottisch.

Im Wald

Ich liebe meine Großstadt sehr,
die vielen Menschen, den Trubel, den Autoverkehr …
Ich kenne mich in der Großstadt aus
und will nicht aus der großen Stadt raus.
Hier kann ich mich so richtig regen,
mich sicher und unfallfrei bewegen.
In meiner Großstadt bin ich ein Held,
bin sozusagen ein Mann von Welt,
der niemals auf die Nase fällt
und immer die Balance hält.

Vieles kann zwar dort passieren,
aber ich würde mich nie blamieren.
Hier bin ich immer äußerst standhaft,
doch anders ist das wohl in der Landschaft.
Denn draußen, also in Wald und Feld,
wäre ich keineswegs ein Held.
Nein, ich wäre in der Natur
wohl ein regelrechter Tollpatsch nur.

Ich war noch nie irgendwo auf dem Land,
weil ich das immer zu langweilig fand.
Mich interessierte niemals die Natur,
nur das Großstadtleben pur.
War noch nie in einem Wald,
die angebliche Schönheit ließ mich kalt.

Doch einmal konnte ich mich überwinden
und wollte wissen, was die Leute daran finden.
Und kaum war ich drin in so einem Wald,
hatte ich Angst, ich krepiere bald.
Ich war noch tapfer beim Wald durchstapfen,
da fielen auf mich alle Tannenzapfen

und schlugen mir ziemliche Beulen.
Ich musste hier schon heulen.
Am Harz der Bäume blieb ich kleben
und fürchtete weiterhin um mein Leben.
An jedem Blatt, den kleinen und großen,
habe ich mir den Kopf gestoßen.
Und wenn Blätter von den Bäumen stürzen,
kann das mein Leben nur verkürzen?

Auf den Wegen mit all den Wurzeln
musste ich oft darnieder purzeln.
Der Waldboden selbst hat oft geholpert.
Ich bin über manchen Grashalm gestolpert.
Dann stürzte ich auch mitten im Moos,
schlug das Knie mir auf, auch der Schmerz war groß.
Auch wenn Farne einem an den Füßen ranken,
gerät man immer schnell ins Wanken.
Ich steckte fest in Büschen und Hecken
und dachte stets, ich muss verrecken.

Ist das da ein Hase? Greift er mich an?
Ich rannte, so schnell ich rennen kann,
und das mit dem schwerverletzten Knie.
Gekriegt hätte mich diese Bestie nie.
Ein Wegweiser hat mich sehr verwirrt.
Habe ich mich wieder mal verirrt?

Ich kann ja nicht mal unterscheiden,
was sind Birken, Eichen, Weiden,
und sollte ich selbst mal Bäume fällen,
würde das meinen Körper völlig entstellen.
Wo sind Wildschwein, Reh und Hirsch?
Die fände ich nie auf einer Pirsch.
Und träfe ich wieder einen Hasen,
würde ich erneut von dannen rasen.

Oder kommt zu mir ein Eichhörnchen ran,
und das knabbert mich dann an?
Gibt es im Wald auch den Auerhahn?
Greift er mich gleichfalls gefährlich an?
Selbst von Pilzen habe ich keine Ahnung.
Man hört ja dann öfter manche Mahnung.

Was bedeutet das, wenn Tiere äsen?
Sind sie dann etwa krank gewesen
und dabei, jetzt zu genesen?
Oder heißt das Spuren lesen?
Müssen sie sich im Kampf bewähren
oder wollen sie Nachwuchs gebären
oder den Rudelführer ehren?
Ich kann mir das alles nicht erklären.

Nie wieder in die Natur ihr Reich.
Ich denke dann immer, ich sterbe gleich.
Wäre ich mal bei einer Treibjagd vonnöten,
ich würde mich dabei wohl selber töten,
und weiß auch nichts von Kimme und Korn.
Wo ist bei einer Flinte bloß vorn?

Es gibt ja viele Berufe auf Erden,
doch ich könnte niemals ein Waidmann werden.
Dazu müsste ich zu viel lernen
und vor allem sollte man mein Angst-Gen entfernen.
Der Försterberuf ist wohl wichtig und schön,
aber ich mit meinem weiteren Trottel-Gen …

Ich bleibe Bewohner der großen Stadt,
weil man hier genügend Erlebnisse hat,
verweile meist in meinem sicheren Haus
und will nie mehr in den Wald hinaus.

Für mich ist jeder Wald, ganz ehrlich
wie man erfahren konnte, zu gefährlich.
Jeglicher Wunsch danach ist völlig gedämpft.
Ich habe zu oft um mein Leben gekämpft.

Auch Barcelona

Ich war in Barcelona
und traf dort die tolle Ramona.
Wir verstanden uns prächtig.
Unsere Liebe war mächtig.
Seitdem war ich dort Bewohna.

Doch es endete mit Ramona.
Ich verließ sofort Barcelona.
Alles war aus.
Ich wollte nur noch nach Haus
und bin dort nicht mehr Bewohna.

Habe ich irgendwo mal Glück gefunden
und ist dieses dann entschwunden
in einem noch so schönen Ort,
wollte ich daraus ganz schnell fort.
Ich kann nur zu Hause seelisch gesunden.

Oftmals lernte ich Liebe kennen.
Ich kann nicht alle Orte nennen.
Obwohl es schön war mit Ramona,
will ich nie mehr nach Barcelona.
Woanders muss neues Glück entbrennen.

(Titelbild: Bauwark „Das Segeln
am Strand von Barcelona)

In Spanien war es auch in Pamplona,
in Italien in Verona,
in Österreich war es in Linz,
in Deutschland im Ostseebad Binz
und auch auf Rügens Kap Arkona.

Es hat öfter auch gescheppert.
Hinterher war ich sehr bedeppert,
hatte manchmal kein Benimm.
Es wurde durch mich immer ziemlich schlimm.
Es ist traurig, wenn es sich läppert …

Ich muss dennoch das Reisen weiter betreiben,
doch nach jeder Trennung kann ich dort nicht
    bleiben,
weil ich mich danach zu sehr schäme
und mich durch meinen Stolz nicht bequeme,
etwa Bettelbriefe zu schreiben.

Wobei, ich muss gesteh'n,
auch mit Ramona war es schön.
Soll ich es noch einmal versuchen
und eine Reise zu ihr buchen?
Ob wir noch einmal gemeinsam geh'n?

Vielleicht verzeiht mir Ramona.
Darf ich dann bleiben in Barcelona?
Ich will nie mehr Geschirr zerdeppern.
Es sollen sich keine Pleiten mehr läppern.
Dann bleibe ich doch dort Bewohna.

Kurlaub

Eine Kur wird meist allein verschrieben.
Der Partner ist zu Hause geblieben.

Es gibt Gymnastik, Schlammbäder, Knetmassagen …
Man ist beschäftigt in diesen Tagen,
doch zu keinem Termin wird man gehetzt.
Dem Patienten wird alles vorgesetzt.
Ausreichend Essen wird gereicht,
dazu Diätkost, also leicht,
und wie bei einer Kneipp-Kur
dient diese nicht dem Leib nur,
sondern fördert auch den Geist.
Man ist nicht umsonst zur Kur gereist.

Ja, es dient dort jede Behandlung
nicht nur der körperlichen Verwandlung,
dass man sich danach besser bewegt.
Auch die Sinne werden angeregt.
Man bekommt generell viel neue Kraft,
dass man später wieder besser schafft.
Das Personal, nett und aktiv,
weil auch immer alles zum Besten verlief.

Die Klinik selbst ist sehr modern
zum Wohlfühlen, auch das hat man gern.
Die Umgebung ist durchaus recht schön,
man kann dort wie im Park spazieren geh'n,
Die Hausordnung ist zwar einzuhalten,
ansonsten kann man selbst viel schalten und walten.

Und für manche ist ein Kurlaub
fast noch schöner als ein Urlaub,

und er (sie) immer mehr daran glaubt,
bei einem Kurlaub sei alles erlaubt.

Der Partner sitzt brav allein zu Haus.
Man selber aber lebt sich aus.
Fühlt sich vogelfrei und fern der Heimat,
vergisst die Schwüre bei der Heirat,
feiert alkoholisch und recht zünftig,
wird dabei sehr unvernünftig,
am Körper und am Geist gestählt
und ihn (sie) kein Gewissen quält.
Und manche auch Erfolge hatten
hier mit einem Kur(laub)schatten.

Man wurde also unvernünftig.
Gibt es da Ärgernisse künftig?
Man schmeißt ihn (sie) aus der Klinik raus.
Der wütende Partner wartet zu Haus.
Denn er (sie) erhielt ein Schreiben,
wegen Unmoral darf er nicht bleiben.
Man sollte Körper und Geist dort laben …
Doch ein Kurlaub kann auch andere Folgen haben.

Nach Kanada

Meine Frau, die Melanie,
will mit mir
in die kanadische Prärie.
(Warum nicht mehr hier?)
Oder nach Toronto, Quebec, Ottawa.
Man fragt sich nun, was will sie da?

Viele Leute sagten zu Melanie,
ich nehme meinen Mund so voll,
sei liebestechnisch ein Genie,
mal zärtlich, mal kraftvoll – einfach toll.
Was meint daraufhin die Melanie?
„Na klar, es ist schön, wenn man Leistung bringt,
doch über Bettgeschichten spricht man nie,
auch wenn ihm da einiges gelingt.

So ein Großmaul, dieser Banause,
was er hier kann, das weiß ich ja.
Doch das ist immer nur zu Hause.
Nun will ich wissen, was ka na da?"

Albert Einstein

Der Physiker Albert Einstein
trank am liebsten Rheinwein.
Manchmal auch mal Wein vom Main,
auch von der Mosel durfte er sein.

Ursprünglich kam er ja aus Schwaben,
wo sie auch diese Weine haben,
und wurde Einstein eingeladen,
trank er auch mal Wein aus Baden.
Sonst von diesen drei Flüssen nur,
aber nie verdünnt, immer nur pur.

Albert Einstein war ein großes Genie
und Schöpfer der Relativitätstheorie.
Intensiv studierte ich mal die,
aber begriffen habe ich sie nie.
Außerdem trinke ich am liebsten Bier.
Wein gibt es nur selten bei mir.
Ob von Rhein, Main, Mosel, ich bin nicht dafür.
Hier bei mir gibt es immer nur Bier.

Später lebte Einstein in den USA,
doch war dieser Wein für ihn nicht immer da,
ob in Florida oder Omaha
wie auch nicht in Nebraska und Philadelphia.

Zwar trank der Albert Einstein
am allerliebsten Rheinwein,
oder eben von Mosel und Main,
so durfte er hier aus Kalifornien sein.

Ich frage mich, tränke ich öfter Wein,
egal, ob von Mosel, Rhein oder Main

und lasse dafür das Biertrinken sein,
könnte ich auch ein Einstein sein?

Ich weiß zwar auch, wie Schnaps und Sekt,
was ich selten trinke, dennoch schmeckt,
doch Einstein trank am liebsten Wein.
Konnte er deshalb so ein großer Gelehrter sein?

Da ich auch so einen Haarschopf habe,
steigert das gleichfalls die Geistesgabe?
Ich habe auch solchen wuschligen Schopf.
Bin ich nun auch ein kluger Kopf?

Was man durch diese Gedanken beweist:
Mancher Alkohol fördert den Geist.
Bier wohl nicht, doch andere helfen scheinbar zumeist.
Das sind ja auch geistige Getränke, oder wie das
    heißt…

Blasen

Blasen als Hohlkörper sind nicht gemeint,
weil „Blasen" als Tätigkeit auch manches vereint.
Auch die Blasen auf den Wasserpfützen
zu diesem Thema hier nicht nützen.

Nein, „Blasen" ist anders zu verstehen.
Ohne Blasen kann mancherlei nicht gehen.
Etwa Luftballons sind aufzublasen
mit den Mündern, nicht mit den Nasen.

Schwimmgummihilfen für die Kinder
bläst man diese auch per Münder.
Die Backen kann man auch aufblasen
(gemeint sind die neben den Nasen.)
Man atmet ein, man atmet aus
und bläst die Luft somit heraus.

Und bei jeder Orchestertruppe
sind Bläser eine eigene Gruppe,
auch mit Trompete, Oboe, Saxophon.
Alle erzeugen den guten Ton.

Auch beim Sex gilt manchmal „blasen",
(dieses führt auch zu Ekstasen).
Das sind alles keine Phrasen. –
Man kann allerdings auch Trübsal blasen.

T. Rex

Dicht an einem Waldgewächs
traf ich mich mit meiner Ex
zur Abendzeit so gegen sechs.
Warum? Nur zwecks
Erfüllung ihrer wilden Gelüste,
als ob sie nicht wüsste,
für mich ist die gemeinsame Zeit vorbei,
doch das war ihr einerlei,
denn sie wollte,
dass ich wieder mit ihr sollte.

Sie ist klein, aber oho.
Gierig war sie sowieso.
Na gut, geplant von ihr war Sex,
also ich mit meiner Ex.
Es reichte nicht, dass ich sie küsste,
nein, sie müsste
mich wieder körperlich besitzen,
– da war doch was, also mit spritzen –,
denn schließlich bin ich ja ein Mann,
der nicht immer widerstehen kann.

Sie beginnt sich zu entkleiden.
Noch kann ich mich nicht entscheiden.
Sie ist wirklich eine Hexe.
Doch plötzlich, eine Riesenechse,
ein gewaltiger T. Rex!
Neben uns. Wir sind perplex.
Ein unendlich großer Angstkomplex,
und das bei dem geplanten Sex.
So ein mächtiger Dinosaurier.
Uns wird ganz schnell schauriger.

Seine riesengroßen Zähne
packten meine früher geliebte Kleene
und er verschlang sofort meine Ex.
Na, wie schmeckt's?
Es hatte dieser Tyrannus Rex
wirklich keinen Sinn für Sex.

Jetzt schaut T. Rex mich gierig an,
ob er mich auch gleich fressen kann?
Diese Bestie ist riesig, gefräßig und stark.
Man denke nur an den „Jurassic Park".
Finde ich hier schnell eine Hecke,
hinter der ich mich verstecke?

Ob ich vor ihm flüchten kann?
Wie schnell läuft in Panik man als Mann?
Ob er schneller rennen kann?
Kommt man mit Hakenschlagen gegen ihn an?
Ich will doch noch am Leben bleiben
und weiterhin Gedichte schreiben.

Das Riesenvieh sieht mich geifernd an.
Ich bin sicher auch ein schmackhafter Mann.
Ob ich gleich aus einem Traum erwache
und dann nur darüber lache?
Nein, es ist grausame Realität.
Ist für mich nun alles zu spät?
Kann ich dennoch von dannen schleichen,
um diesem Untier zu entweichen?
Was mache ich bloß?
Seine Fressgier ist bestimmt sehr groß.
Soeben verschlang er meine Ex,
und grimmig schaut auf mich T. Rex.

Es ist ja so ein schreckliches Bild.
Seine bösen Augen rollen wild.
Gewaltige Zähne, furchtbares Schnaufen,
kann ich noch von dannen laufen?
Ob er mich jetzt fressend killt,
oder ist sein Hunger schon gestillt?
Reicht dem gierigen T. Rex
der kleine Körper meiner Ex?

Der Saurier ist schon ganz nah.
Ich stehe völlig hilflos da.
Endet so mein Lebenslauf?
Sein großes Maul reißt er schon auf …

Wissen Sie, wie ich überlebte,
obwohl ich doch vor Todesangst erbebte?
Ganz schnell Gedichte von mir zitiert.
Und was ist dann sogleich passiert?
Ich war ja wirklich noch verstört,
doch der T. Rex hat zugehört.
Weil er sie wohl langweilig fand,
ist er eingeschlafen, und ich entschwand.
Wenn ich auch kein großer Dichter bin,
hatten meine Texte endlich Sinn.

Tugend

„Geht die Jugend,
kommt die Tugend".
Das ist zwar ein alter Spruch,
doch manche kriegen nicht genuch.
Ob mit oder ohne Partnerschaft
glauben diese, sie stehen noch im Saft.
Aber gewisse Aktivitäten
sind dann besser nicht mehr vonnöten.

Es kann sein, wenn einem der Hafer sticht,
dass man sich dann die Knochen bricht.
Man nehme als ein alter Sack
keine Frau mehr Huckepack,
und, ist man dennoch dazu bereit,
ergibt sich manches Herzeleid.
Sucht man also ein Abenteuer,
ist das meistens nicht geheuer.
Man will im Alter nicht alleine sein,
doch hat man dann nicht immer Schwein,
sollte als Oldie vernünftig bleiben
und Partnerwechsel nicht übertreiben.

Zwar war sie schön, die Jugendzeit,
und man war zu vielem bereit.
Später dann, in den mittleren Jahren,
hat man auch viel Gutes erfahren.
Doch war das eine andere Zeit.
Jetzt herrsche Tugendhaftigkeit.

Der Geist ist noch willig, doch das Fleisch liegt brach,
und die Kräfte lassen wirklich nach.
Man kann nicht mehr große Sprünge tun.
Es ist nötig, immer mehr auszuruh'n.

Es war durchaus eine schöne Jugend,
doch jetzt obsiegt nur noch die Tugend.
Erinnerungen sind am Verblassen,
doch manche können es nicht lassen.

Früher so, mit zwanzig, dreißig,
war man diesbezüglich fleißig,
heute ist man höchstens Träuma,
überall schmerzt schon das Rheuma.
Man sprang quasi über Tisch und Bänke,
heute knirschen die Gelenke,
ist man früher gleich erstarkt,
droht heute eher ein Herzinfarkt.

Die Erfolge sind gering,
schnappt man sich heute ein junges Ding,
zumal schon längst die Knochen rosten.
Man bedenke auch die Kosten.

Wenn überall Organe zwicken,
man kann sich nicht mehr richtig bücken,
viele Bewegungen fallen schwer,
manch Körperteil kann auch nicht mehr
und die Wehwehchen nehmen zu,
dann braucht man wohl am besten Ruh'.

Man kann nicht mehr große Leistungen bringen
und sich zu neuen Rekorden schwingen,
und immer weniger gestalten.
Das ist auch ein Problem der Alten.
Schön waren die mittleren Jahre und vorher die Jugend,
so bleibt heute meist eines nur, die Tugend.
Und hörst du nicht darauf,
dann kommt T. Rex und frisst dich auf.

Im alten Ägypten

Es fragte der Pharao Ramses
seinen Chefarchitekten: „Ham'ses?
Ich wünschte mir eine Pyramide,
fest gebaut, also sehr solide.
Ist die Bauskizze fortgeschritten,
auf Papyrus gezeichnet? Darf ich bitten?"

Der große Pharao Ramses der II.
sich darauf besonders freute,
das heißt, sich daran erfreuen wollte,
weil das Meisterwerk erst entstehen sollte.

Der Baumeister sagte: „Ja, Majestät,
der Platz hierfür ist schon ausgespäht
und für so ein Bauwerk bezweckt,
wir haben auch viele Steine entdeckt,
nicht weit ab von hier und aus Granit.
Die schleppen wir her und bauen damit.
In dreißig Jahren steht sie hier und solide,
noch höher als dem Cheops seine Pyramide."

„Nun", sprach Ramses der II. darauf,
„baut mir solch Riesending nicht auf.
Ich will wirklich nicht übertreiben,
Cheops darf die Größte bleiben.
Ich will kein so großes Monument,
wie man sie sonst am Nil hier kennt.
Mein Wunsch war doch, zwar auch solide,
ich will eine Weihnachtspyramide."

Er hatte im Schlaf von solcher geträumt,
und er hatte es auch nicht versäumt,

seinem Baumeister davon zu sagen,
von dieser Pyramide aus viel späteren Tagen.
„Oh ja", sprach jener, „ich wundere mich,
doch daran glaube ich wirklich nich'.
Ich dachte, dieses sei ein Scherz
von keiner Pyramide himmelwärts.
Im Erzgebirge ist sie aus Holz,
und auf diese ist man dort besonders stolz.
Zur Weihnachtszeit kann man sie sehen,
wie sie sich dort mit Lichtern drehen,
und viele wird es da auch geben
mit Figuren aus dem Bergbauleben,
mit Motiven aus dem Dasein dort.
Doch liegt das Erzgebirge weit fort.
Erst in Jahrtausenden ist das so weit.
Wir sind hier noch in vorchristlicher Zeit.
Einen Architekten braucht man dazu nich'.
Tischler und Holzschnitzer reichen aus, denke ich.
Und wir kennen noch keine Weihnachten.
Mein Pharao, darauf muss man achten."

Wie konnte er in die Zukunft seh'n
und von Pyramiden wissen, die sich dreh'n?
(Bei den Nilpyramiden ist das wohl nicht möglich.
Der technische Aufwand wäre unsäglich.)
Oder hatte er dieses nur erdichtet?
Nein, ein Priester hatte ihm davon berichtet.
(Der war damals ein berühmter Priester,
doch weiß man heute nicht mehr, wie hieß der.)
Er hatte den Priester nämlich befragt
nach dem Ramseswunsch, und er hatte es ihm gesagt.
Der Priester hatte den Sonnengott Ra gefragt,
und dieser habe es ihm so gesagt.
(Er hatte den Ra auch erst fragen müssen,
weil nur Götter alles wissen.)

Ein Land namens Deutschland wird später mal sein,
da stellt man sich jährlich auf eine Weihnachtszeit ein,
besonders im Erzgebirge, einem Teil von Sachsen,
wo Pyramiden wie aus der Erde wachsen,
kleine aus Holz, die sind für das Haus,
große stellt man in jedem Ort dort aus.

Das sind Pyramiden, die noch niemals kippten,
stabil wie die hier im alten Ägypten,
doch dafür war die Zeit für solch Pyramide
noch nicht reif, weil aus Stein und auch sehr solide.

Dieses sah Ramses der II. ein
und ließ den Wunsch nach solchem Kunstwerk sein.
Schließlich braucht Entwicklung ihre Zeit,
und damals in Ägypten war man noch nicht so weit.
Auch Weihnachten wird es erst viel später geben,
das Jesuskind war noch längst nicht am Leben.
Und die Lehre aus dieser Zeit, der sehr fernen,
auch Pharaonen können was lernen.
Ob in Ägypten, Grönland, Dubai oder Bayern,
Weihnachten könnten sie viel später erst feiern.

Verbunden

Im Vorwort Band II habe ich geschrieben,
man kann so manchen Dichter lieben.
Wilhelm Busch, Otto Reutter,
Erich Kästner und so weiter …
Das sind große Humoristen,
aber durchaus auch Moralisten.
Man kann noch viel mehr Namen nennen,
aber nicht alle Texte kennen,
und manches, was Sie hier so lesen,
ist sicher so ähnlich schon mal dagewesen.

Viel Gutes hat man bei ihnen gefunden
und fühlt sich mit diesen Autoren verbunden.
Man bleibt diesen Dichtern weiterhin treu.
Doch schreibt man selbst, denkt man, das ist neu
und glaubt an eigenem Geistesblitz,
dabei ist das längst ein alter Witz.
Diese Erkenntnis wird also bleiben,
es ist nicht einfach, was Neues zu schreiben.

Mancher hat auch anders sein Glück gefunden.
Er bleibt der Heimat, den Freunden, der Frau
      verbunden.
Gehört die Frau auch zu den runden,
angereichert mit vielen Pfunden,
zählt beim Fleischer zu den besten Kunden,
braucht zum Essen täglich viele Stunden,
hat sich früher vergeblich mit Diäten geschunden,
sich aber nun mit ihrer Figur abgefunden
und hält jetzt stolz zu diesen Pfunden,
zu ihrem Körper, dem sonst gesunden
und erklärt auch unumwunden,

zum Ausziehen brauche sie nur Sekunden,
und liebt ihr Mann ihren Leib, den runden,
und hat er dabei stets Freude empfunden,
braucht zwar lange Arme, um sie zu umrunden,
dann ist er durchaus massenverbunden.

War man im Sozialismus mit den Massen verbunden,
hieß das, man war klassenverbunden.
Aber hier ist nur eine Person gemeint,
und ist man mit deren Massen vereint,
bleibt man also mit diesen verbunden,
hat mancher auch so sein Glück gefunden.
Man möchte dem Himmel oder sonst wem danken.
Ein Hoch auf die nicht allzu Schlanken!

Vom Komponieren

Ich bin gewiss ein großes Genie,
doch so recht weiß ich nicht, wobei und wie.
Nun höre ich gern manche Melodie
und denke, ich bin auch so gut wie sie,
also wie Leute, die solche Klänge schrieben.
Sie sind damit unsterblich geblieben
und erfreuen alle Menschen auf Erden.
So ein Komponist will ich nun auch werden.
Um mich dann immer ein großer Trubel,
heiß geliebt, begehrt, ständiger Jubel …

Berühmte Künstler sind viele zu nennen,
und ich behaupte, sie alle zu kennen.
Es sind weltbekannte Namen
von Leuten, die meist vor mir kamen.
Doch ich erkläre unverhohlen,
ich will alle überholen.

Da war manch großer Komponist.
Sie heißen Mozart, Wagner, Verdi, Liszt.
Oder Paul Lincke, Franz Lehar,
deren Musik ist durchaus wunderbar.
Auch Vivaldi, Bach, Händel, von den alten Meistern
können viele dank ihrer Töne begeistern.

Es gibt von Mendelssohn-Bartholdy
den „Hochzeitsmarsch" als Dauer-Oldie.
Franz Schubert schrieb das Forellenquintett,
Tschaikowsky schuf so manches Ballett,
Brahms ein Kinderlied für's Bett …
Das ist ja alles ziemlich nett,
doch würde ich meine Musik spielen lassen,
sie würden alle sofort erblassen.

Auch moderne Künstler muss man kennen.
Andrew Lloyd Webber wäre zu nennen,
oder Enrico Morricone.
Deren Musik ist ja auch nicht ohne.
Mit Keith Richard, Paul McCartney und John Lennon
muss man Rockmusiker auch nennen.

Oder man nehme den Leonard Bernstein,
der würde so gut wie ich sehr gern sein.
Was bin ich doch für ein Genie.
Schon bei der ersten Melodie
würden diese das versteh'n
und sich, falls verstorben, im Grab umdreh'n.
Denn die meisten leben ja nicht mehr.
Sie hätten es gegen mich auch schwer.

Ob klassische oder Schlagerklänge,
mir ist klar, dass mir alles viel besser gelänge.
Die Welt würde staunen, weil das so ist.
Ich wäre der größte Komponist.
Vor Puccini und Dvorak wäre mir nicht bange,
und was Beethoven konnte, kann ich schon lange.

Musikschule, Studium brauche ich nicht.
Mein Genie alleine fällt ins Gewicht.
Ein Instrument zu beherrschen, ach nein,
Melodien fallen mir auch ohne die ein.
Hilfe dafür brauche ich keine.
Das, was ich wissen muss, kann ich alleine.

Ich setze mich an den Schreibtisch ran
und fange gleich zu komponieren an.
Habe mir ein Notenheft besorgt,
also von einem Musikladen ausgeborgt.

Meine Kunst wird dann ein richtiger Kracher.
Ich bin musikalisch ein echter Macher.

Es geht schon los mit dem Notenlesen.
Bin ich in der Schule da krank gewesen?
Ganze, halbe, Achtelnoten …
Warum werden die nicht verboten?
Eigentlich weiß ich wirklich nur,
es gibt wohl Moll und es gibt Dur.
Und Walzer im Dreivierteltakt.
Wie hat Johann Strauß das bloß gepackt?
Auch Sonaten und Motetten,
Sinfonien und Operetten,
Stimmen für Bläser, Pauken, Violinen,
die nur diesen Instrumenten dienen.

Synkopen oder Harmonien,
wie kriege ich das irgendwie hin?
Ich fühle mich überhaupt nicht mehr groß.
Wie schreibt man so ein Musical bloß?
Hätte ich mein Wissen doch erweitert …
Ich bin schon am Notenschlüssel gescheitert.

Ziemlich schnell habe ich geflucht.
Doch ich habe es wenigstens versucht.
Das Komponieren ist wohl recht schwer.
Zum Arrangieren müsste auch ein Experte her.
Was mancher Künstler da so machte,
ist doch wohl schwerer, als ich dachte.

Doch neue Pläne sind schon groß.
Zwar bin ich in vielem ahnungslos.
Mit Wissenschaft habe ich nichts im Sinn,
weil ich in Chemie oder Bio zu dusslig bin

Mathe, Physik und solcher Quatsch
erzeugen in meinem Gehirn nur Matsch.
Von Elektrotechnik ganz zu schweigen.
Ich könnte auch keinem per Handy was zeigen,
Bin technisch also total eine Niete.
Ob sich da trotzdem eine Chance biete?
Was Modernes sollte es schon sein.
Wo steige ich am besten ein?

Zwar werde ich kein Komponist,
dafür jetzt Computerspezialist.
Ich setze mich an solch Ding dann bloß
und schon geht es los.
Ich bin aber diesmal zu einem Kurs gegangen.
Diesmal will ich es klüger anfangen.
An einem Computer soll ich starten.
Ran an die Kiste, warum lange warten?
So ein Ding sieht doch ziemlich harmlos aus.
Ich drücke auf Knöpfe, erwarte Applaus.
Ich habe zwar keine Ahnung.
Prompt kommt die erste Mahnung …

Die Rache

Es geht hierbei nur um Frau und Mann.
Anderes kommt jetzt nicht ran.
Arbeit, Nachwuchs, Haushalt ungenannt.
Das Thema selbst ist recht brisant.

Also: Ob in der Sächsischen Schweiz in Bad Schandau,
ob im rheinland-pfälzischem Landau
oder in einem Berliner Bezirk, etwa Spandau
ist öfter mal der Mann blau.
Und die Gattin ist meist sauer.
Hält ihre Ehe nicht auf Dauer?
Denn oft ist er des Nachts ein blauer.
Weil er abends in die Kneipe geht
und irgendwann heimkommt,
und das meist sehr spät.
Dies schon seit geraumer Dauer.
Natürlich ist die Frau dann sauer.

Was tun, wenn er sich nicht ändern will?
Hält man als Frau dann weiterhin still
oder lässt sie es mal ordentlich krachen,
sollte ihr Mann so weiter machen?
Oder müsste man an Trennung denken,
wenn Männer die Schritte oft zur Kneipe lenken?
Solche Probleme hat es im Leben
wohl schon ziemlich oft gegeben.

Es ist eine Frage für das Gewissen.
Sie wird wohl dieses ändern müssen.
Geht er in die Kneipe bloß,
weil, er ist da die Alte los?
Auf ihre Fragen antwortet er nicht,
er macht höchstens ein dummes Gesicht.

Tagsüber sind beide eingespannt,
doch abends ist er stets weggerannt,
und auch an den Wochenenden
wird er sich abends der Kneipe zuwenden.
Weil ihm angeblich Redethemen fehlen,
muss er sich eben von dannen stehlen.

Bier im Center einzukaufen
und schwer tragend dann nach Hause laufen?
Zumal, ohne Fahrstuhl, dann auf den Treppen
das ganze Zeug nach oben schleppen?
Am Kiosk draußen will er nicht steh'n.
Da könnte ihn ja die Nachbarn seh'n.
Und in die Kneipe zieht es ihn
da ist man meistens anonym
oder ein paar Kumpels sind ihm wichtig.
Die Frau zu Hause ist jetzt nichtig.

Ob er über sein Eheweib spricht?
Hält er gar über sie Gericht?
Nein, Saufbrüder reden darüber nicht
und der Wirt hat Schweigepflicht.
Auf dem Heimweg draußen brennt kein Licht,
und im Dunkeln sieht man ihm nicht.

Später, in der Wohnung dann,
benimmt er sich aber nicht als Tyrann.
Er zieht seine Kleidung aus,
legt sich ins Bett und schläft sich aus.
Wie soll sie ihn dann bestrafen?
Er ist doch sofort eingeschlafen.
Eigentlich ist er ein lieber Mann,
doch welche Lösung bietet sich an?

Seine Kleidung wegzuräumen,
lässt sie wirklich nicht wütend schäumen.
An den Kühlschrank geht er nicht,
was für Selbstbeherrschung spricht.
Und dass er auch im Rausch nicht spricht.
Er liegt ganz still und schnarcht auch nicht.

Schlimm wäre, machte er vorher Krawall.
Im Hause hört man das überall.
Auch wird die Frau von ihm nie geprügelt.
Nein, er hat sich immer gezügelt.
Nie gebrüllt oder randaliert.
Er weiß auch im Suff, was sich geziert.
Es gab mit Nudelholz oder Bügel
von ihr an ihn auch keinerlei Prügel.
Sie hat auch nie auf ihn eingeschlagen.
Sie haben sich immer bisher vertragen.

Eigentlich ist er ein liebender Mann,
der bloß abends das Saufen nicht lassen kann.
Als Gatte ist er nicht wirklich schlecht,
doch jeden Abend die Kneipe, das ist ihr nicht recht.
Er kommt immer ziemlich betrunken nach Haus,
doch ist er dann müde und rastet nicht aus.
Doch ständig für das Bier zu blechen …
Kann sie sich irgendwie dafür rächen?
Mit ihm zusammen in die Kneipe geh'n
das ist für sie noch nie gescheh'n,
Sie ist der Typ für abends zu Haus,
er will dagegen immer raus.

Die Frau hat schon lange überlegt,
wie sie ihn zu früheren Zeiten bewegt.
Bislang war sie ja sehr verdrossen,
doch nun hat sie sich fest entschlossen.

Seine Frau hat wirklich Rache geschworen,
Seitdem ist er brav und wie neu geboren.

Er möchte jetzt vieles im Fernsehen seh'n
auch mal abends mit ihr nur spazieren geh'n,
interessiert sich sogar für Theater, Kultur,
hilft im Haushalt und liebt die Literatur,
ist wieder ein aufmerksamer Mann,
den man sich nicht besser vorstellen kann.

Wie es kam,
dass er sich plötzlich so zahm benahm?
Sie drohte: „Gehst du abends wieder zur Kneipe
   hinaus,
hole ich Schwiegermutter ins Haus."
Und Schwiegermutter abends im Haus –,
welcher Mann hält das wohl aus?
Vor allem: betrunken an der Wohnungstür steh'n
und Schwiegermutter dann noch doppelt seh'n?

Na gut, als Witz kennt man dies ja wohl
als Warnung vor zu viel Alkohol,
damit man keine Sauftour mehr mache.
Manchmal hilft solche weibliche Rache.
Als Drohung kennt man das ja schon,
wenigstens als Schwiegersohn.
Da DU deine Schwiegermutter kennst –,
wäre sie auch ein Schreckgespenst?

In Winsen

Ich habe Frauen schon oft angegafft
und träumte von wilder Leidenschaft,
doch allgemein fehlt mir die Kraft,
bin sozusagen ohne Saft.

Viele Eier habe ich schon verputzt,
doch alles hat noch nichts genutzt.
Man sagt, Eier erhöhen die Potenz,
und bei mir brennt's.
Gekocht oder roh die Eier zu essen,
auch gebraten, kann ich wohl vergessen.
Es heißt zwar, sie stärken die Männlichkeit,
und ich bin zu neuen Varianten bereit.
Ich wollte was anderes mal versuchen,
nämlich mit sehr viel Eierkuchen.

Nahe Hamburg, in der kleinen Stadt Winsen,
aß ich einen riesigen Teller voll Plinsen,
also sehr viel Eierkuchen.
Den konnte man dort zum Essen buchen.
Und mit enormer Manneskraft
habe ich alle Plinsen geschafft.
Sie haben mir sehr gut geschmeckt,
auch den Teller noch abgeleckt.

Doch für mein totales Genießen
musste ich anschließend mächtig büßen.
Denn die vielen Plinsen
dort in der Kleinstadt Winsen
sind mir gar nicht gut bekommen.
Ja, ich bemerkte ganz benommen,
ich hatte wirklich zu viel verdrückt.
Mein Magen spielte völlig verrückt.

Ich war nur noch am Fluchen
und musste ständig Toiletten aufsuchen.

Ich hatte mir so viel vorgenommen,
doch bin ich kaum vom Klo mehr runtergekommen.
Mir verging total das Grinsen
nach dem Verzehr der Plinsen.
Mein Besuch dort in Winsen
ging also völlig in die Binsen.
Von diesem Essen hatte ich genuch'
Und startete dort keinen neuen Versuch.

Nun gibt es in der Lüneburger Heide
auch ein Winsen, mir zur Freude,
denn dort esse ich keine Plinsen,
sondern nur noch Linsen.
Sie erhöhen wohl auch die Männlichkeit.
Ich bin bereit …

Johannes Brahms

Noch heute denkt Johannes Brahms
mit voller Wehmut dran: Wie kam's
zu dieser tollen Melodie?
Denn die vergisst die Menschheit nie.

Obwohl er nicht ganz die Idee dazu hatte,
ertönt sie weiter auf jeder Langspielplatte,
also auf die für Kinderlieder,
und man hört sie immer wieder.

Ja, dieses Lied, dass liebt man sehr.
Den Text schrieb ein gewisser Georg Scheer.
Das berühmte Kinderlied,
und nicht nur die Eltern singen mit:
„Guten Abend, gute Nacht,
mit Rosen bedacht,
mit Näglein besteckt,
schlüpf' unter die Deck.
Morgen früh, so Gott will,
wirst du wieder geweckt …"

Dieses Lied ist ja so nett.
Die Kinder wollen gern ins Bett.
Mama und Papa singen so fein,
da will man gern im Bettchen sein.
Die Kleinen schlafen dann gleich ein
und sind dadurch brave Kinderlein.

Wie hat der Brahms das bloß vollbracht,
das Kinderliedchen für die Nacht?
Er schrieb 200 Lieder, 4 Sinfonien,
die „Ungarischen Tänze" kennt man durch ihn,
doch gerade eine Melodie
ist so populär, und jeder liebt sie.

Wir wollen nun endlich wissen, wie kam's
zu diesem Lied von Johannes Brahms.²
Nun, er war in eine Frau verliebt
(was es auch unter Musikern gibt),
doch ihre Absage war zwar ganz herzlich,
aber für ihn als liebenden Mann sehr schmerzlich.
Sie hat ihm dabei etwas vorgesungen,
und dieses hat so ähnlich geklungen.

Er hat es dann in Noten notiert
und auf dem Klavier gekonnt komponiert.
Sie war ihm durchaus weiterhin gnädig,
dann Ehefrau, also nicht mehr ledig,
und hatte auch später einen Sohn.
Er blieb ihr heimlich treu, wer macht das schon?
Und schenkte der befreundeten Familie
den Klavierauszug. Original? Faksimile?
Und ein gewisser Georg Scheer
schrieb dazu Zeilen, noch viel mehr.

Ja, so hat es sich zugetragen.
Was kann man Johannes Brahms nun sagen?
Liebeskummer soll ihn nicht plagen.
Seine Leistung wird vieles überragen.

Schon seit über hundert Jahren,
seitdem Kinderlieder in Mode waren,
kennt man diese traute Melodie.
Alt und Jung vergisst sie nie.
So entstanden aus enttäuschten Lieben
oft Meisterwerke, die unsterblich blieben.
Dennoch denkt Johannes Brahms
oft mit großer Wehmut dran: So kam's.

Vergebens

Wollen Sie mal von einem Misserfolg lesen?
Also: Ich bin auf einer Party gewesen.
Dort waren Gäste sowie Bewohna
(das war noch vor der Pandemie durch Corona).
Jedenfalls: Mich juckten die Triebe,
ich suchte nach körperlicher Liebe,
denn ich hatte sie lange nicht genossen.
Schnell war ich in eine Dame verschossen.
Ich habe sie immerzu angelacht
und mich wirklich an sie rangemacht.
Ich hoffte, sie wäre dazu bereit.
Bald glaubte ich, sie sei so weit.

Wir haben getanzt, auch etwas getrunken.
In mir sprühten schon die Sehnsuchtsfunken,
und nach der Fete dann bei ihr
oder meinetwegen auch bei mir?
Jawoll, ich war scharf
und hatte wirklich großen Bedarf.
Ich bin ständig um sie rumgetändelt
und habe scheinbar erfolgreich angebändelt.

Dazu sagte ich zu ihr,
gehen wir zu ihr oder auch zu mir,
wir feiern dann die Party zu zweit,
der Heimweg wäre sicher nicht weit,
doch ist es wohl so bei manchen Damen,
wenn Männer mit diesem Thema kamen,
dass sie sagte (als Mann ist man dann wie
    erschossen):
„Mein Partykeller ist heute geschlossen."

Ach, war das schlimm.
Ich nun voller Grimm.
Mein Ego hat unendlich gelitten.
Ich bin zu keiner Tat mehr geschritten.
Die Mädels schauten zu mir verschmitzt,
ich war bei allen abgeblitzt.
Man blieb bei der Fete noch länger da
Mit Hopsassa und Trallala,
ich aber bin sogleich entschwunden.
Hier hätte ich kein Glück mehr gefunden.

Ich bin von der Fete schnell abgehauen.
So kann man sich auch den Abend versauen.
Mit einer anderen konnte ich nicht mehr geh'n.
Alle hatten mein stürmisches Flirten geseh'n.
So konnte ich keine andere Frau mehr bedien',
ich musste ja quasi den Schwanz einzieh'n.
So ist das manchmal: Man nimmt sich was vor
und steht später dann da wie ein armer Tor.

Das gehört wohl zu den Dingen des Lebens.
Manches Denken und Handeln ist vergebens.
Z. B., man plant endlich eine Kreuzfahrt, die wird
    schön wie nie,
doch dann kommt die Corona-Pandemie …

In Brüssel

Ein sehr vornehmer Elefant in Brüssel
speist nur aus einer riesigen, güldenen Schüssel.
Bei seinen körperlichen Massen
muss er täglich viel Futter fassen
mit seinem geschmacksverwöhnten Rüssel.

Nur Trüffel und Kaviar müssen es sein,
dazu trinkt er nur Champagner oder edlen Wein,
bekommt von allem stets das Beste
und nicht irgendwelche Reste.
Er schiebt alles genüsslich in sich rein.

Die viele Nahrung erbringt gewiss
später stets einen gewaltigen Schiss.
Er (das Tier) ist eine Attraktion. Und wo?
Er ist berühmt im dortigen Zoo
wie sonst in Brüssel Atomium, Grand Place oder
    Männeken Pis …

Männliche Erkenntnisse

Man glaubt ja, dass die Anfangsliebe
für alle Ewigkeit so bliebe,
doch nicht gleich zum Standesamt traben,
denn gut Ding will Weile haben.

Mancher hat das bald bedauert,
weil die Gefahr erst später lauert.
Beringt erkennt der Mann sodann,
wenn er sich kettet, so dient er als Mann.
Auch das er lieber nicht so viel schwätze,
denn Frauen werden schnell zur Petze,
und alle Bemühungen sind nichts wert,
wenn Schwiegermutter so manches erfährt.

Nicht alles zu sagen sei sein Ziel,
Frauen reden ja selbst sehr viel,
dann ist das Glück dem Mann vielleicht hold.
Also: Reden ist Schweigen, Silber ist Gold.
Und benimmt sich der Mann mal irgendwie schlecht,
Frauen schlagen gleich zu und haben stets recht.

Und in manchen Ehejahren
hat ein Mann viel Leid erfahren.
Er fühlt sich nicht mehr als echter Mann
und erkennt, gegen eine Frau kommt ein Mann
    nicht an.

An selber zeugen hat mancher nicht gedacht,
obwohl er weiß, wie man das macht,
wobei, er leidet dabei selten Qualen.
So braucht er später nicht zu zahlen.

Jedoch, manche Frau ist auch gemeene,
denkt, der hat wohl gute Gene.
Das wird im Tierreich so gemacht.
Der Stärkere wird zur Zucht bedacht.
Da wird der Mann dann fest umschlungen,
und oft ist dadurch ihr Ziel gelungen.

Er ist zwar später wutentbrannt
von der Frau, die ihn austrickste, weggerannt,
zahlt dann aber viele Alimente,
und wenn er Pech hat, bis zur Rente.

Gewiss: Männer träumen viel von Weibern
und ihren heißgeliebten Leibern.
Oft ist dabei der Mann ein Blinder
und übrig bleibt er als armer Sünder,
denn Frauen benutzen viel ihren Geist,
was für Männer nicht immer Gutes verheißt.
Wobei, manchen fehlen Lust, Ideen und Kraft
für eine lange, gute Partnerschaft.

Ein sehr kluger Mann hat mal erklärt,
wie man den Unterschied erfährt
zwischen „Weib" und „Mann".
Es kommt allein auf die Aussprache an.
Man muss nur buchstabieren
und sprechend akzentuieren,
jeden Buchstaben laut deklarieren
und dann wird man sofort kapieren.

Also „Weib": Weeeeeh – (ganz kurz) e, wie ä – iiiiih
– bäääääh –.
Ein jeder denkt sofort: Oh je.
Und den Mann: Mmmmmm – aaaaah – nnnnnn –
    nnnnnn …

Nun ist endgültig geklärt,
der Mann ist geschmacklich auch sehr viel wert,
was hier jetzt jede Frau erfährt.
Darum ist mancher Mann begehrt.

Allerdings: Manche Frau wird dem Mann später
   schnurz.
Der Wahn ist lang, das Glück war kurz.
Er wird immer mehr ein Zweifler, ein Stiller.
Und wie schieb schon Friedrich Schiller
(bevor man als Mann vielleicht für immer
   entschwindet):
„Drum prüfe, wer sich ewig bindet …“

Doch wie schrieb Friedrich Schiller auch?
(Weibliche Wesen nehmen davon gern Gebrauch):
„Ehret die Frauen, sie stricken und weben
himmlische Rosen ins irdische Leben.“

So geht das Dasein also weiter.
Und dazu bemerkte Otto Reutter:
„Wie reizend sind die Frauen,
fast jede mir gefällt.
Sie sind, vom Manne abgeseh'n
das Schönste auf der Welt.“

Um dieses Thema zu beenden:
man kann es noch so drehen und wenden,
allgemeine Regeln gibt es wohl doch.
Bei manchen Ehen sieht man es noch.
Wenn zwei sich trotz allem gut versteh'n
und gemeinsam durch Schwierigkeiten geh'n,
man dabei stets eine Lösung fand,
dann hat die Liebe auch Bestand.

Leider ist das nicht überall.
Und wie ist das in meinem Fall?
Ich bin der Denker und Dichter.
Doch sie ist der Lenker und Richter
(darauf reimt sich auch Henker und nicht er ...).

Zwei Ohren

Vielen Lebewesen angeboren,
sind an jedem Kopf zwei Ohren.
Zum Hören sollen beide sein
und viele Töne dringen ein.
So erfüllen beide ihre Pflicht.
Und Hörunterschiede gibt es nicht.
Sie sind identisch. Äußerlich.
Doch in diesem Fall hier unterscheiden sie sich.
Das eine Ohr ist immer gespannt,
und jedes Wort, das je genannt
in seiner Hörweite wird aufgesaugt,
egal, ob nichtig oder ob es was taugt.

Das Ohr ist zum Lauschen stets bereit,
begierig auf jede Neuigkeit,
will begehrlich alles wissen,
was die Menschen so reden müssen,
hat jedes Wort sogleich gespeichert
und fühlt sich dadurch erst bereichert.

Das andere Ohr will anders sein
und lässt kaum Worte in sich rein.
Es sagt: „Bei den oft gehörten Phrasen
bekomme ich gleich Ohrenrasen.
Vieles, was man da so hört,
hat mich immer sehr empört.
Ich bekomme einen dicken Hals,
da schützt auch nicht mein Ohrenschmalz.
Ich will vieles nicht behalten,
sondern gleich auf Durchgang schalten.
Wie der Ehemann oft lügt
und heimlich seine Frau betrügt,
beim Hören mancher Politiker,
Ideologen oder Kritiker …
Ich will das alles gar nicht wissen,
weil viele immer schwindeln müssen."

Doch Ohren können eigene Wege nicht bestreiten,
sondern müssen Gehörtes gleich weiterleiten,
haben die Ohrmuscheln stets zu weiten
und alle Töne ringsum zu begleiten
Sie haben kein Wertungsrecht, die beiden,
das darf nur das Gehirn entscheiden.
Aller Entscheidungen betreffs …
Hier sind nur Hirn oder auch Herz die Chefs.

Amore in Bella Italia

In meinem Band IV habe ich ja geschrieben,
ich wollte wie Casanova lieben
und bin nach Oberhavel hin,
in den Landkreis nördlich von Berlin,
doch man hat mich dort immer fortgetrieben.

Nun ist ja Italien ein Land für Kenner,
nicht bloß für liebestolle Männer.
Dort wollte ich meine Stärken beweisen.
Ich müsste nur nach Italien reisen
und wäre sicher ganz schnell dort der Renner.

Jaja, Italien, das ist ja bekannt,
wird ebenfalls Land der Liebe genannt.
Die Männer dort sind Frauenverschwender,
die meisten als Könner, nur wenige Blender.
Ich bin da also herumgerannt.

Zuerst glaubte ich, dort in Ravenna
sei ich ein erfolgreicher Frauenkenna.
Doch irgendwie war ich wohl nicht vollkommen,
alle haben mich nur ausgenommen
und ich landete fast als Penna.

In Rimini, da am Adriastrand,
war ich auch bald stadtbekannt.
Doch die Damen dort, für mich ein Graus,
nahmen mich finanziell nur aus.
Ich war auch dort bald abgebrannt.

Ich versuchte mein Glück dann in Padua.
Schöne Signorinas traf ich auch da,

doch so oft ich um sie tändelte
und immer wieder anbändelte,
blieb ich erfolglos. Man ahnt es ja.

Ob in Südtirol, ob am Gardasee,
alle sagten zu mir nee.
In Rom, in Florenz, in Napoli,
Erfolg bei den Damen hatte ich nie.
Mein glückloses Streben tat mir ziemlich weh.

Ich war auch oben auf dem Vesuv,
so wie ihn mancher Vulkanausbruch schuf,
doch auch anbei in Pompeis Ruinen,
konnte ich nicht mit Manneskraft dienen.
Auch hier verhallte kläglich mein Ruf.

An der gleichfalls schönen Amalfiküste
spürte ich vergeblich große Gelüste.
Nach Capri wollte ich nicht mehr hin.
Auch Sizilien wäre gewiss kein Gewinn.
Ob mich überhaupt mal ein Mädel nur küsste?

Zum Glück hatte ich, da muss ich mich loben,
immer Geld von den Banken dort abgehoben.
Gut, wenn man durch die Heimatstadt
genug finanzielle Mittel hat.
So konnte ich viel durch Italien toben.

Ich bin ja leider kein schöner Mann,
der zwar mit viel Euro bezahlen kann,
doch Glück hatte ich in diesem Land nie.
Keine der Frauen sagte: Si, si.
Ganz ehrlich, werte Leser, das stinkt einen an.

So reiste ich umsonst durch das schöne Land
und hoffte, dass ich dennoch Liebe fand.
Ich wollte nicht länger sehnsüchtig warten.
Einen letzten Versuch musste ich noch starten.
In Venedig, auch als Stadt der Liebe bekannt.

Der größte Erfolgsmensch, das weiß man ja,
war Casanova aus Bella Italia.
In Venedig brauche ich wohl nicht zu jammern
und lande nicht im Knast, den Bleiernen Kammern.
Nein, ich habe sicher Erfolg in Venezia.

In der schönsten Stadt der Welt,
für die man ja Venedig hält,
werde ich trotz vorheriger Irrungen,
Enttäuschungen und Verwirrungen,
doch noch ein großer Frauenheld?
Es war in den Tagen des Karneval
und man feierte ihn dort überall.
Alle Leute waren maskiert.
Ich hatte mich zwar anfangs geziert,
aber hässlich bin ich nicht überall …

Ich versuchte mein Glück bei vielen Damen,
die ja alle mit Masken kamen.
Keine habe ich bisher gekannt,
doch ihre Vornamen haben sie mir genannt.
Käme ich endlich zum Besamen?

Denn ringsherum um den Markusplatz
suchte ich also nach einem Schatz.
Ob Carla, Francesca, Marianna,
Maria, Juliana oder Giovanna …
Ich wäre ein toller Casanova-Ersatz.

Na gut. – Eidesstattlich sei hier erklärt,
Ich habe mit keiner der Damen näher verkehrt.
Sie waren bereit, auf meine Fragen
mir ihre Vornamen zu sagen.
Das war alles. Ist doch auch was wert.

Falls ich mal wieder in Venedig lande
und ich schiffe etwa auf dem Canale Grande,
der Gondoliere singt seine Lieder
und ich treffe nur eines der Mädel wieder,
vielleicht kommt dann ein Glück zustande.

Zwar waren wir alle dort maskiert,
doch Glück ist seltsam schon passiert.
Mit Liebe hatte ich dort noch kein Glück,
doch ich will schnell nach Venedig zurück.
Bloß, wenn da wieder Überschwemmung
    grassiert …?

Ich darf in Deutschland nicht zu lange verweilen,
sondern sollte schnellstens zurück nach Venedig
    eilen.
Sind es Jahrzehnte oder nur Stunden,
dann ist wohl die Stadt im Meer verschwunden
und ich kann nicht mehr meine Liebe verteilen.

Maskierte Damen in Venezia,
einige Vornamen kenne ich ja.
Nach Pisa, Mailand oder Turin
zieht es mich nun nicht mehr hin.
Mädels in Venedig, freut euch, ich bin bald da!

Schniepel

Einen kleinen Jungen nennt man auch „Piepel",
und sie haben noch einen kleinen, nun ja, Schniepel.
Aber später dann,
als erwachsener Mann,
kann es durchaus anders sein.
Die Natur stellt das schon ein.
Dann heißen Schniepel auch flotter Hans,
Penis, Glied, Liebesknochen, Schniedelwutz, Schw…

Auf englisch heißt Volk oder Leute „People".
Automatisch denkt man sofort an Schniepel.
Und auf Urlaubs- oder Fußballreisen
wollen sich Engländer gern beweisen.
Als lautstark und trinkfest sind sie bekannt,
nicht nur zu Hause, sondern in jedem Land.

Weil sie sich sehr unsicher fühlen?
Zu ihrem Pit darf man nicht schielen.
Gehört ihr Pimmel gar zu den Zwergen,
und sie wollen ihn vor der Menschheit verbergen?

Haben sie etwas zu verstecken?
Soll man ihr Minimum nicht entdecken?
Sie benehmen sich oft wie Rüpel.
Lenken sie ab von einem kleinen Schniepel?

Sind englische Ladies dadurch oft beklommen,
weil sie nicht wissen, ob die Männer „kommen"?
Deren bestes Stück ist oft gehemmt,
weil in Hosen versteckt und fest eingeklemmt.
Günstiger wäre ein Schottenrock.
Zumal, Schotten haben immer Bock.

So ähnlich sind auch die Franzosen.
Oft sieht man sie ganz ohne Hosen.
Sie sind bekannt als Schwerenöter
und mögen keine Liebestöter.

In den USA ist man sehr prüde.
Sind die Männer dort meistens müde?
In Russland liebt Mann manche Olga.
Passiert das aber nur an der Wolga?

Schwierig ist es beim Eskimo.
Die viele Kleidung, die Kälte, da Eisplateau.
Und keinerlei Hitze,
auf das man dabei nicht so schwitze.
Anders im heißen Afrika.
Ein Lendenschurz reicht meistens da.

Andere Länder, andere Sitten.
Manche sind recht fortgeschritten.
Und man merkt durch diesen Teil vom Mann,
was man über andere Gegenden lernen kann.
Wie erleben das die deutschen Männer?
Ich bin da kein Kenner …

Über die Schwerkraft

Hoch lebe die Erdanziehungskraft,
denn sie hat es immer geschafft,
dass wir auf der Erde bleiben
und nicht irgendwie hilflos im Weltall treiben.
Man könnte nirgendwo geh'n oder steh'n,
man würde uns nur schwebend seh'n.

Durch die Luft dann, ganz behende,
flögen auch alle Gegenstände,
die nicht festgemacht sind, wie Bänke,
aber Tiere, Autos, Schränke …
Es gäbe überall
auf der Erde keinen freien Fall.

Man kann nicht gefährlich niederstürzen
(das würde das Leben vielleicht verkürzen),
aber generell ist es doch schön,
wenn wir fest auf dieser Erde steh'n.
Und es würde jedes Springen
uns wer weiß wie weit in den Himmel bringen.
Wir würden sie fahrend auch nicht besiegen,
wir müssten aus jeder Kurve fliegen.

Zwar hat der Mensch es schon geschafft,
zu überwinden diese Anziehungskraft,
mit Flugzeugen, Ballons, Raketen zu fliegen
und somit die Schwerkraft zu besiegen.
Doch ohne technische Instrumente
man ihr nur schwerlich entfliehen könnte.
Was die Zukunft auch bringen werde,
ich bleibe lieber auf der Erde.
Und fliegt man später mit Raketen
hin zu anderen Planeten,

will ich hier in meiner Heimat bleiben.
Man wird weiter Weltraumforschung betreiben,
doch es dürfte woanders nicht schöner sein.
Das hat nur unsere Erde allein.

Auch wenn es weiter die Forschung schafft,
zu entweichen der Erdanziehungskraft,
will man ja weiter an Raumschiffe denken,
um die Menschen zu fernen Sternen zu lenken.
Doch für mich in meinem gesamten Leben
soll es weiterhin die Schwerkraft geben.

Hilflos allein im luftleeren Raum
und ohne Sauerstoff überlebe ich kaum.
Man kommt von der Arbeit, und huppdidei,
schwebt man in den Wolken völlig frei.
Man hielte es ohne Leine nicht aus.
Nein, ich will immer sicher nach Haus.
Dort bin ich voller Leidenschaft
und bejuble die Erdanziehungskraft.
In ein Raumschiff rein ist für mich ohne Sinn,
weil ich dazu viel zu ängstlich bin.
Ich hätte keinerlei Freude empfunden,
wäre ich schnell von der Erde verschwunden,
denn ich schrieb es ja soeben,
auf mich wartet zu Hause das pralle Leben.

Wenn also diese Schwerkraft nicht wäre,
wir schwebten in irgendeiner Sphäre.
Es würde auch Wanderungen nicht geben,
keine Fußballspiele – ein trauriges Leben.
Es ist schön, dass es sie gibt, doch warum?
Wissenschaftlich bin ich ziemlich dumm.
Auch wenn man die Überwindung schafft,
es lebe die Erdanziehungskraft!

Übrigens: Wenn mancher Mann die Trennung nicht
    schafft,
auch Frauen haben Anziehungskraft.
Man nennt das auf Hochdeutsch wohl Sex-Appeal.
Meine Freundin hat davon nicht viel,
doch sie ist schwer und hat viel Kraft.
Auf dem Boden zu bleiben hat sie immer geschafft.
Sie hält immer die Balance.
Da hat die Schwerkraft jede Chance.
Sie ist noch nie durch die Luft gepurzelt,
sondern bleibt standhaft und fest mit der Erde
    verwurzelt.
In ein Flugzeug steigt sie nicht ein,
die Flugangst dürfte grösser sein.
Und die Schwerkraft braucht sie wirklich nicht
bei ihrem Gewicht …

Moderne Technik

Habe ich diesmal den Text gefaxt?
Das Gerät hat bisher nur kurz geknackst.
Doch es hat sich nichts bewegt.
Darüber bin ich erneut sehr erregt.
Ich greife wieder zur Axt …

In Tirol

Als Trinkfreund reise nicht nach Tirol,
denn dort fühlst du dich dann gar nicht wohl.
Zwar ist die Landschaft dort wunderschön
mit Bergen, Tälern, Gletschern, Seen,
doch in Tirol gibt es keinen Alkohol.

Man fühlt sich in Österreich überall wohl.
Im ganzen Land gibt es Alkohol.
In jedem Ort kann man ihn bezieh'n,
ob in Salzburg, Klagenfurt, Graz oder Wien,
aber wirklich nicht in Tirol.

Warum? Man ist streng dort in Tirol.
Man denkt immer an des Menschen Wohl.
Das Rauchen will man ihnen auch abgewöhnen,
wobei jetzt auch schon die Raucher stöhnen. –
Noch gilt das nicht im nahen, italienischen Südtirol.

Ein Boxer

Wie eine Flunder, eine platte,
lag er hilflos auf der Matte.
Wieso? Ratschläge haben nichts genützt,
sein Kinn war völlig ungeschützt,
weil er keine Deckung hatte.

So ist das nicht nur im Sportlerleben,
zumal ja auch Boxer nach Siegen streben.
Zwar hatte sein Trainer ihn beschwört,
doch er hatte nicht richtig zugehört.
So kann es Niederlagen geben.

Er wollte sich nicht dazu bequemen,
auch mal Lehren anzunehmen,
weil er alles besser wusste,
doch gleich auf die Matte musste.
Helfen jetzt Einsicht mitsamt Schämen?

Auch im ganz normalem Leben
kann es ein K.o. mal geben.
Denn wenn nach einem Niederschlag
man erstmal liegenbleiben mag …
Auch Wiederaufstehen sei ein menschliches
    Streben.

Meine Nase

Man trägt eine Nase im Gesicht.
Sie erfüllt als Geruchsorgan ihre Pflicht.
Auch gilt, dass man durch sie einen Menschen
    erkennt.
Meine Nase hat dazu auch ein Hobby. Sie rennt …

Das dadurch nötige ständige Schnauben
kann einem Freude und Nerven rauben.
Zwar lacht die Taschentuchindustrie,
solche Rekordumsätze hatten sie noch nie,
doch auf Dauer tut es mir immer mehr weh.
Leider hilft da auch kein Nasenspray.
Andere Mittel gibt es nicht,
doch die Nase gehört zu meinem blöden Gesicht …

Es hilft, sagen Ärzte, auch keine OP.
Ich muss damit leben. Oh jemineh.
Am besten, man reißt mir die Nase raus.
Doch dann sehe ich ja noch viel hässlicher aus.

Die Wespe

In der Rinde einer Espe
lebt, alleinstehend, eine Wespe.

Also nicht in einem Schwarm,
dennoch fühlt sie sich nicht arm,
will sich darum nicht beschweren,
kann sich selber gut ernähren,
richtet sich gemütlich ein,
doch manchmal fühlt sie sich allein.

Sie mag keinen Wespenmann,
weil er ihr nicht bieten kann,
was sie möchte dann und wann.
Nein, der kommt bei ihr nicht an,
denn diese Wespe in einer Espe
ist eine Lesbe.

Jahrhundertelang war das so Brauch.
Für alle Wespen gilt das auch.
Nichts mit gleichgeschlechtlicher Liebe.
Verboten sind stets solche Triebe.
Es wird auch nicht toleriert,
dass man solche Triebe spürt.

175 – ein Paragraph aus dem Mittelalter,
gilt auch für Bienen, Motten, Falter
und jedem anderen Insekt,
wobei es einigen gar nicht schmeckt.
Auch diese Tierchen sind wie Menschen, bloß
sind sie alle nicht so groß.

175 – mit diesem alten Paragraphen
konnte man auch Menschen bestrafen.

Doch inzwischen wurde er abgeschafft,
und niemand kommt durch ihn mehr in Haft.
(Und wir wissen es ja doch,
in einigen Ländern gilt er noch.
Manchmal ist das so auf Erden,
das Volk muss dumm gehalten werden.)

Doch den Wespen fehlt, und dass immer schon
die moderne Kommunikation,
Internet, Handy, Telefon,
und deren Regierung sitzt fest auf dem Thron.
Auch Rundfunk, Fernsehen, Pressewesen,
und keine Wespe hat je eine Zeitung gelesen.
Das alles fehlt jedem Insektenstaat,
so dass man dazu keine Infos hat.

Es gilt für Menschen, nicht für Wespen,
doch auch bei Wespen gibt es Lesben,
wie auch bei den Wesperichen
die nicht zu Wesperinen, sondern Wespenmännern
    schlichen.

Gewiss, unsere Wespenfrau hat Charme.
Doch lebt sie nicht gern in einem Schwarm.
Dadurch bleibt sie ungestört,
was ihre Obrigkeit empört,
doch in ihrem Liebesleben
sollte es keine Zeugen geben,
weil, es ist offiziell verpönt,
sie wurde dadurch nicht nur verhöhnt,
denn, falls ihr keine Flucht gelänge,
wäre das Strafmaß äußerst strenge.

Mancher Wespe hat es das Herz gebrochen,
denn es hat sich noch nicht herumgesprochen,

was für Menschen längst schon gilt.
Doch die Wespenregierung ist nicht gewillt,
möchte weiterhin bestrafen
und hält fest an diesem Paragraphen.

Es gilt weiterhin für sie
eine riesige Wespenbürokratie.
Freie Liebe sei nicht schicklich
und manche Wespe wird nicht glücklich.
Die Regierung im Schwarm bleibt konservativ.
Gleiche Liebe sei gefährlich und primitiv.

So bleibt es also für unsere Wespe,
die allein lebt in ihrer Espe als Lesbe
gefährlich, denn die Wespensittenpolizei
fliegt schon bei jedem kleinsten Verdacht herbei.

Noch kann man sie jederzeit bestrafen
mittels dieses Paragraphen,
ob es im Schwarm oder solo sei.
Doch es kommt der Tag, da ist sie frei.
Es gibt schon allerlei Berichte
aus der menschlichen Geschichte.
Solche straffen Strukturen kann man erweichen
und damit diese Freiheit erreichen.
Warum sollen nicht auch in Wespenwelten
dieser historische Sieg mal gelten?
Es kommt auch bei Wespen, soviel ahnt man schon,
zu einer entsprechenden Revolution,
oder wenigstens einer Reform.
Dieser Fortschritt wäre schon enorm.
Von diesem Gesetz ist dann nichts mehr geblieben,
und die Wespen können dann, wie sie wollen, lieben.
Schön, dass es immer Entwicklung gibt
Auch für eine Wespe, die etwas anders liebt.

Das starre System, das sie jetzt noch hindert,
wird durch Fortschritt nicht nur gelindert,
sondern endgültig aufgehoben.
Doch bekäme die Wespe derzeit Damenbesuch,
Vorsicht, noch gilt dieser alte Fluch.

Doch noch lebt die Wespe als Lesbe
weiter allein in der Rinde der Espe ...

Paprika aus Afrika

Meine Freundin Anika
isst am liebsten Paprika,
doch nur solchen aus Afrika.

Bin ich zu Besuch mal da,
esse ich mit Anika
auch gerne diesen Paprika.

Nun muss Anika verreisen.
Vierzehn Tage. Ich kann nicht mit ihr speisen.
Doch ich will ihr weiterhin meine Liebe beweisen.

Paprika war wohl nicht mehr da,
weil ich ihn auch nirgends sah
in der Küche bei Anika.

Nun, überbringen würde ich Paprika
als Überraschung für Anika,
und möglichst solchen aus Afrika.

In Berlin bin ich hin- und hergelaufen,
um diesen Paprika zu kaufen,
doch es war zum Haare ausraufen.

Nirgendwo gab es Paprika,
also solchen aus Afrika
für mein Lecker- als auch Schnattermäulchen
    Anika.

Paprikaschoten vor allem für sie.
Ich war verzweifelt, wo finde ich sie?
Vielleicht gibt es die in Deutschland nie?

Bin in sehr vielen Orten rumgerannt,
habe immerzu dasselbe genannt,
doch den aus Afrika hat keiner gekannt.

Auf jedem Lebensmittelmarkt
mit Produkten, damit der Mensch erstarkt,
habe ich alle Stände beharkt.

Bloß weiß ich nicht, muss Anika
zwecks Paprika immer nach Afrika?
So oft bin ich auch nicht bei ihr da.

Ich bin dann, wirklich ungelogen,
für viel Geld nach Afrika geflogen
und durch den ganzen Erdteil gezogen.

Von der Küste im Norden am Mittelmeer
bis Südafrika. Weiter ging es nicht mehr.
Durch den riesigen Kontinent, kreuz und quer.

Für mich war dieser Erdteil ein neuer,
wusste nur von manch tierischem Ungeheuer,
und in den großen Städten sei es teuer.

War in Tunesien, Angola, Uganda dort,
auch im Sudan und in Ruanda an jedem Ort,
von Land zu Land zog es mich fort.

Ja, überall in Afrika
suchte ich nach Paprika
für meine geliebte Anika.

Doch zu teuer dort war jedes Hotel,
an Straßen und Wegen war kein Motel
an Gewässern gab es kein Botel.

Habe geldliche Mittel kaum aufgeboten,
schlief nachts oft mit ~~Hyänen~~ und Kojoten
und fand auch hier keine Paprikaschoten.

Draußen nächtigte ich viel,
am Sambesi, am Niger, am Kongo, am Nil,
denn Geld zu sparen für den Rückflug war ein
 weiteres Ziel.

Man erfüllte mir manchmal die Bitte
zum Schlafen dort in einer Hütte.
Ich lag dann meist in der Menschen Mitte.

Wusste auch nicht, was kostet Paprika,
wohl die teuerste Sorte aus Afrika,
denn sicher nur die liebt Anika.

Mal war es heiß, nachts bitterkalt,
ich durchquerte Savannen, manchen Dschungelwald
und gönnte mir selten längeren Halt.

Traf auf Löwen, Nashörner, Elefanten
und deren sämtliche Verwandten.
Es war nicht so, dass die vor mir rannten.

In den Wäldern gehören Riesenschlangen
zu den gefräßigsten und langen.
Ich musste oft um mein Leben bangen.

Meine Qualen waren nicht zu ermessen.
Dabei durfte ich nicht vergessen,
auch etwas zu trinken und zu essen.

Ich dachte vor allen an Paprika nur
und ernährte mich meist in freier Natur.
Früchte und Beeren gab es hier pur.

Durch diese einseitige Ernährung
kam es oft zur unkontrollierten Entleerung.
Dazu jedes Land mit anderer Währung …

Bin durch manchen Fluss geschwommen,
habe Krokodilbisse abbekommen,
doch hatte mir ja was vorgenommen.

Ja, tagsüber Hitze, nachts äußerst kalt,
ich schlurfte durch Wüsten, Steppen, viel Wald.
Fand ich diese verfluchten Paprika bald?

Ich war nach Tagen völlig zerlumpt,
alles an mir war total verklumpt
und war körperlich mächtig ausgepumpt.

Ich hatte dann in Afrika
auch kein Geld mehr für Anikas Paprika.
Für den Rückflug per Flieger war noch etwas da.

Beim Einchecken hat man sehr gestutzt.
Wie sah ich denn aus? Völlig abgenutzt.
Auch bei der Einreise war man äußerst verdutzt.

Vierzehn erfolglose Tage in Afrika
auf der Suche nach diesem Paprika
für meine geliebte Anika.

Als sie mich dann zu Hause empfing,
war ihre Anteilnahme nur sehr gering.
War es besser, wenn ich gleich wieder ging?

Alles erzählte ich Anika
von meiner Suche in Afrika
nach ihrem begehrten Paprika.

Ich hatte doch so viel aufgeboten,
schlief sogar mit Hyänen und Kojoten,
doch nirgendwo gab es Paprikaschoten.

Wissen sie was? Anika lachte,
weil ich solchen Unsinn machte.
Es war viel einfacher, als ich dachte.

„Afrika" nennt man einen Ort nahebei,
der nur eine kleine Siedlung sei,
und dort gibt es eine Gärtnerei.

Man züchtet da auch Paprika.
Bei Bedarf bestellt sie diesen da
und man liefert dann an Anika.

Sie habe mir das mal erzählt,
dass sie von dort ihren Paprika wählt. –
Und ich habe mich so gequält …

Doch von ihr kam kein Wort zum Bedauern.
Darauf muss ich wohl lange lauern
und darf mit schlechter Stimmung versauern.

Ich war innerlich sehr empört,
auch weil, ich hatte nicht richtig zugehört,
da meist zu viel Geplapper uns Männer stört …

Nachwort

Vor allem mit viel geistiger Kraft
wurde auch dieser Band geschafft.
Und es wird sich für alle Menschen lohnen,
denn hier dran erfreuen sich wieder Millionen,
egal, wo sie wohnen,
und es lässt sich keines der Meisterwerke klonen.

Wobei, man hat es schon geahnt,
es ist noch ein weiterer Band geplant.
Die Ideen wie auch das Leben sind bunt,
also geht es hiermit noch einmal rund.

Ich bin durchaus erneut bereit
für eine thematische Vielseitigkeit,
Man kann sicher nicht über alles dichten,
doch es gäbe noch viel zu berichten.

In mir spüre ich noch einigen Dampf.
Darum auf zum nächsten Kampf.
Hoffentlich wird es kein großer Krampf
und ich meine Texte dann selber einstampf'.
Doch Millionen Leser warten sehr,
also schreibe ich noch ein bisschen mehr.

Ist man selbst ein alter Mann,
kann es sein, dass man nicht mehr so kann.
Bleiben dann die Seiten leer,
gibt es mich vielleicht nicht mehr.

Beethoven und Dvorak schufen neun Symphonien,
auch der Franz Schubert gehört fast dahin,
und weil ich selbst sehr fleißig bin,
hat das für mich durchaus seinen Sinn.

Ich hoffe sehr, gesund zu bleiben,
dann kann ich noch so manches schreiben.
Lieber mollig und nicht so dürre schlank,
lieber froh und aktiv als alt und krank.

Man wird geboren, hat gelebt,
meist nach Leistungen gestrebt,
hat so vieles im Leben erlebt,
auch wenn einem so manches widerstrebt
in dem täglichen Allerlei,
im Himmel ist dann alles vorbei.

Denn einmal geht der Vorhang zu,
dann haben Leib und Seele Ruh'.
Vielleicht gibt es nochmal Applaus.
Dann ist es aus.
Hoffentlich passiert das so schnell nicht.
Sonst wäre dies hier das letzte Gedicht?
Doch einen Band packe ich noch an.
Es soll auch hier gelten: Spaß voran!

Inhalt

Reinhard Röhricht im TREIBGUT VERLAG BERLIN

MORAL IST, WENN MAN'S TROTZDEM MACHT
Humoristische Dichtungen I
ISBN 978-3-941175-90-7, 78 S.

KOMM LIEBER MAL UND LACHE
Humoristische Dichtungen II
ISBN 978-3-941175-91-4, 96 S.

HUMOR IST IMMER WICHTIG. RICHTIG?
Humoristische Dichtungen III
ISBN 978-3-941175-92-1, 100 S.

DAS WANDERN IST DES DICHTERS LUST
Humoristische Dichtungen IV
ISBN 978-3-947674-07-7, 100 S.

DIE SCHMUNZELRUNDE
Humoristische Dichtungen V
ISBN 978-3-947674-08-4, 100 S.

LUSTIG SEI DAS NORMALE LEBEN
Humoristische Dichtungen VI
ISBN 978-3-947674-13-8, ca. 100 S.

MENSCHEN, TIERE, REISEFREUDEN
Humoristische Dichtungen VII
ISBN 978-3-947674-42-8, 118 S.

SPASS VORAN!
Humoristische Dichtungen VIII
ISBN 978-3-947674-43-5, 128 S.

Das komplette Programm unter
www.treibgut-verlag.de